Nikolay Rimsky-Korsakov

Grundlagen der Orchestration

Teil 1: Text

Verlag
der
Wissenschaften

Nikolay Rimsky-Korsakov

Grundlagen der Orchestration

Teil 1: Text

ISBN/EAN: 9783957004291

Auflage: 1

Erscheinungsjahr: 2015

Erscheinungsort: Norderstedt, Deutschland

Hergestellt in Europa, USA, Kanada, Australien, Japan
Verlag der Wissenschaften in Hansebooks GmbH, Norderstedt

Cover: Tizian "Ländliches Konzert "

Verlag
der
Wissenschaften

NIKOLAI RIMSKY-KORSSAKOW

GRUNDLAGEN DER ORCHESTRATION

MIT NOTENBEISPIELEN AUS EIGENEN WERKEN

REDAKTION VON
MAXIMILIAN STEINBERG

DEUTSCHE ÜBERSETZUNG VON
ALEXANDER ELUKHEN

I
(TEXT)

RUSSISCHER MUSIKVERLAG G. M. B. H.
(ÉDITION RUSSE DE MUSIQUE)
GEGRÜNDET VON S. UND N. KUSSEWITZKY
BERLIN · MOSKAU · LEIPZIG · NEW-YORK

———

MUSIQUE RUSSE, PARIS, 3, RUE DE MOSCOU
RUSSIAN MUSIC AGENCY, LONDON W. 1, 34, PERCY STREET

R. M. V. 407.

Inhalts-Verzeichnis.

Vorwort des Redakteurs.

Rimsky-Korssakow beschäftigte sich lange mit seinem Handbuch der Orchestration. Wir haben von ihm ein dickes Heft von 200 Seiten, mit feinster Handschrift beschrieben, aus den Jahren 1873—1874, das eine Einführung in die hauptsächlichen Fragen der Akustik enthält, dann eine Klassifikation der Blasinstrumente und schließlich eine ausführliche Beschreibung der Konstruktion und der Fingersätze für verschiedene Arten von Flöten, für Oboe, Klarinette und Hörner[1]).

In den „Memoiren meines musikalischen Lebens" (1. Aufl. S. 120) finden wir über diese Arbeit folgendes aufgezeichnet: „Ich habe mir vorgenommen, soweit ich die Möglichkeit dazu haben werde, ein vollständiges Handbuch der Orchestration zu schreiben. Zu diesem Zwecke habe ich verschiedene Pläne und Aufzeichnungen gemacht, um eine ausführliche Erklärung der Technik der Instrumente zu geben. „Was ich da der Welt offenbaren wollte, war nichts weniger als alles. Die Zusammenstellung dieses Handbuches, richtiger der Skizzen dazu, hat den größten Teil meiner Zeit in der Saison 1873—1874 in Anspruch genommen. Nachdem ich die Artikel von Tyndall und Helmholtz gelesen hatte, schrieb ich eine Einleitung zu meiner Arbeit, in der ich die akustischen Gesetze darzustellen versuchte, welche die Struktur der Musikinstrumente regieren. Das Werk sollte mit detaillierten Monographien der Instrumente beginnen, welche in Gruppen geteilt waren, mit Figuren und Bildern. Auch sollte in demselben die Beschreibung sämtlicher verschiedener Systeme der jetzt gebräuchlichen Instrumente enthalten sein. Ich habe noch gar nicht an den zweiten Teil gedacht, welcher die Kombination der Instrumente ent-

---

[1]) Dieses Manuskript habe ich von M. A. Glasunoff erhalten; wenn einmal ein Rimsky-Korssakow-Museum gegründet wird, so wird es dort seinen Platz erhalten.

halten sollte. Aber bald sah ich ein, daß ich zu weit gegangen war. Schon was die Holzblasinstrumente betrifft, war die Anzahl der Systeme unendlich groß: jeder Meister, jede Fabrik hatte ihr eigenes System. Der Fabrikant bereicherte sein Instrument mit irgendeinem neuen Triller oder gab ihm die Möglichkeit, angenehmer als auf anderen Fabrikaten irgendeine schwere Passage auszuführen, indem er einen besonderen Schlüssel anbrachte. In allem diesen klar zu sehen, war ein Ding der Unmöglichkeit. In der Gruppe der Blechinstrumente fand ich solche mit drei, vier, fünf Pistons (Ventilen), welche verschiedene Mechanismen aufwiesen, je nach der Fabrik. Meine Kräfte würden sicher nicht dazu ausreichen, dieses alles zu beschreiben; und außerdem, was für einen Nutzen hätte der Schüler von solch einem Handbuch? Alle diese ausführlichen Beschreibungen verschiedener Systeme, deren Vorteile und Nachteile, würden den wißbegierigen Leser unbedingt bloß verwirren. Selbstverständlich würde er sich fragen, für welche von diesen Instrumenten er schreiben sollte; was dabei möglich und was praktisch sei. Und, enttäuscht würde er meine umfangreiche Abhandlung in den Papierkorb werfen. Diese Betrachtungen haben allmählich meinen Eifer abgekühlt: nach einem Jahre haben sie ihn mir ganz genommen, und ich verließ meine Arbeit."

Im Jahre 1891, als Rimsky-Korssakow schon vollendeter und anerkannter Künstler war, *Sniegurotschka*, *Mlada* und *Scheherasade* geschrieben hatte, als Meister die ganze orchestrale Technik beherrschte und zwanzig Jahre als Lehrer tätig war, da kam er auf die Idee zurück, eine Abhandlung über Orchestration zu schreiben. Er machte Skizzen dazu, scheinbar zu verschiedenen Zeiten der Jahre 1891—1893, wo er nach der Aufführung von *Mlada* seine kompositorische Tätigkeit unterbrach. Diese Skizzen, von denen er kaum hie und da in seinen Memoiren Notiz nimmt, sind in Form von drei Heften (auf Notenpapier) erhalten. Da befindet sich auch das unvollendete Vorwort vom Jahre 1891, das hier abgedruckt ist und das wichtige und helle Gedanken enthält[1]).

Wie es in den Memoiren (S. 297) aufgezeichnet ist, war der Verfasser infolge verschiedener Ereignisse zu der Zeit nieder-

---

[1]) Dieses Vorwort war schon früher in den *Musikalischen Notizen und Aufsätzen* von Rimsky-Korssakow (Petersburg 1911) im Druck erschienen.

gedrückt und das beeinflußte auch seine Arbeit. Unzufrieden mit diesen Skizzen, vernichtete er den größten Teil davon und ließ das Unternehmen fallen.

Im Jahre 1894 schrieb er „*Die Weihnachtsnacht*": das war der Anfang seiner fruchtbarsten Periode und schöpferischen Tätigkeit. Er geht vollständig in der kompositorischen Tätigkeit auf. Kaum hat er eine Oper beendet, so hat er schon Pläne für die nächste. Erst im Jahre 1905 — wieder einmal durch zufällige Ereignisse — wird diese schöpferische Tätigkeit unterbrochen, und wieder kommt zum Vorschein die Abhandlung über Orchestration. Vom Jahre 1891, wie es die erhaltenen Skizzen beweisen, war der Plan dieser Arbeit auf ganz neuen Grundlagen festgelegt. Der Verfasser verwarf die Idee der Beschreibung der Technik verschiedener Instrumente, um sich dem Studium der Klangfarben und ihrer Kombinationen zu widmen.

In Einzelheiten erhielt der Plan mannigfaltige Veränderungen. In den Papieren des Autors fand man viele Formen davon. Im Sommer 1905 fing Rimsky-Korssakow schließlich an, seine Absichten zu verwirklichen, und entwarf die sechs Kapitel, welche den Grund dieses Buches bilden. Aber noch einmal blieb es dabei, und die Skizzen wurden beiseite gelegt. In den Memoiren erklärt Rimsky-Korssakow diesen Mangel an Energie und das Gefühl der Müdigkeit folgendermaßen: „Das Manuskript der Orchestration ist so geblieben, wie es war. Erstens, weil es in solcher Form schlecht sich realisieren läßt, und dann möchte ich noch die Aufführung von *Kitesh* anhören, um daraus einige Beispiele zu haben" (S. 360).

So kam der Herbst 1906. Wieder ein Aufschwung der schöpferischen Kraft: die Komposition „*Der goldene Hahn*", die zu dieser Zeit begann, ging rasch vorwärts und nahm Rimsky-Korssakow vollständig in Anspruch während des ganzen Winters und des folgenden Sommers. Als er die Partitur im Herbst 1907 beendigt hatte, begann er wieder an die Orchestration zu denken. Die Arbeit ging aber schlecht vorwärts. Der Verfasser hatte immer Bedenken in bezug auf den adoptierten Plan, und trotz der inständigen Bitten seiner Schüler und Freunde konnte er sich nicht entschließen, den Schlußteil des Buches in Angriff zu nehmen. Eine dauernde Indisposition, als Vorbote einer schweren Krankheit, begann gegen das Ende des Jahres 1907 und untergrub die Energie zur Arbeit. Er verbrachte die meiste Zeit damit, daß er die alten Entwürfe durchlas und die Beispiele in Ordnung brachte. Gegen den 20. Mai begab sich Rimsky-Korssakow in die Sommerfrische auf seine Besitzung in Liubensk; und — kaum von dem sehr starken dritten Anfall einer Brust-Angina genesen — fing er schließlich an, das erste Kapitel der Abhandlung endgültig zu redigieren. Dieses Kapitel war am 7./20. Juni gegen 4 Uhr nachmittags beendigt; und in derselben Nacht bekam der Meister den vierten und schrecklichsten Anfall, der auch sein Leben beendete.

Mir ist die Ehre zugefallen, diese letzte Arbeit Rimsky-Korssakows zum Druck vorzubereiten. Heute, wo die „*Grundlagen der Orchestration*" herauskommen, scheint es mir von Wichtigkeit, einige Worte den Grundzügen dieses Buches und meiner redaktionellen Arbeit zu widmen.

Ich übergehe rasch die erste Frage. Wie der Leser aus dem Inhaltsverzeichnis ersehen wird, unterscheidet sich dieses Werk von anderen nicht nur durch die Beispiele, sondern besonders durch die systematische Anordnung des Stoffes, die nicht der Teilung des Orchesters in Gruppen (die von Gevaert speziell adoptierte Art), sondern jedem der Elemente des Musikinhalts insonderheit entspricht. Die Orchestration der melodischen und harmonischen Elemente (Kap. II u. III) ist einer speziellen Untersuchung unterzogen, ebenso (Kap. IV) verschiedene Fälle, die in der Faktur der allgemeinen Orchestrierung vorkommen können. Die zwei letzten Kapitel sind der Opernmusik gewidmet; das sechste — ist ein Anhang, der nicht direkten Bezug auf das Vorhergehende hat.

Rimsky-Korssakow hat vielmals den Titel geändert und zum Schluß sich für keinen entschieden. Derjenige, den ich wählte, scheint mir am meisten dem Inhalte des Buches zu entsprechen, welches die „Grundlagen" im vollsten Sinne des Wortes vorstellt. Vielleicht wird man von dem Buche Enthüllungen der „*Geheimnisse*" des großen Instrumentators erwarten: aber, wie er in seiner Vorrede sagt, „die Instrumentation ist Schöpfung, und man kann nicht schöpferisch schaffen lehren".

Aber soweit die schöpferischen Elemente (wie in jeder Kunst) eng mit den technischen verbunden sind, kann dieses Buch demjenigen, der die Orchestration studiert, manche Sachen enthüllen.

Rimsky-Korssakow sagte zu wiederholten Malen: „eine gute Orchestration ist eine gute Stimmführung". Die — rein elementare — Kunst kann man auch an der Anwendung der verschiedenen Klangfarben und Kombinationen lernen: aber hier ist auch das Feld der Pädagogik zu Ende. In dieser Hinsicht gibt dieses Buch annähernd alles, was dem die Orchestration lernenden Schüler notwendig ist, außer einigen Fragen, die von Rimsky-Korssakow noch unberührt blieben, als der Tod ihn hingerafft hat, unter anderem: die Orchestration eines polyphonen Ensembles und die melodische und harmonische Figuration. Doch ist die Lösung dieser Fragen schon teilweise in den Kapiteln II u. III enthalten. Ich wollte die erste Ausgabe des Werkes nicht mit neuen Anhängen beschweren. Wenn einige als notwendig erscheinen sollten, könnten sie in den nächsten Ausgaben ihren Platz finden. Als erstes hatte ich die Aufgabe, die Skizzen von Rimsky-Korssakow aus dem Jahre 1905 auszuarbeiten und zum Drucke vorzubereiten. Sie bildeten einen geschlossenen Entwurf der ganzen sechs Kapitel. Das erste, wie ich schon erwähnte, ist vom Verfasser beendet: es ist auch so, wie es war, abgedruckt, außer einigen kleinen Stiländerungen ohne Bedeutung. In den fünf anderen habe ich versucht, überall wo es möglich war, den Originaltext der Skizzen beizubehalten, und veränderte nur stellenweise die Reihe der Anordnung oder ergänzte den Text an solchen Stellen, wo es unbedingt notwendig war. Ich benutzte fast gar nicht die Entwürfe von 1891—1893, die sehr zerstückelt waren und im übrigen mit den späteren im Einklange standen.

Es erscheint mir notwendig, mich länger bei den Beispielen dieses Werkes aufzuhalten. Nach dem ursprünglichen Projekt sollten die Beispiele aus Werken von Glinka und Tschaikowsky bestehen, wie eine Notiz in dem Hefte des Jahres 1891 besagt; später wurden dazu Beispiele von Borodin und Glasunoff zugefügt. Der Gedanke, die Beispiele ausschließlich seinen eigenen Werken zu entnehmen, reifte bei Rimsky-Korssakow erst nach und nach und ganz langsam. Die Motivierung dieses Gedankens ist teilweise im Vorwort des Jahres 1905 enthalten. Zu dessen Gunsten könnte man auch andere Gründe angeben. Falls er die Beispiele den Werken dieser vier Komponisten entnommen hätte, müßte er vor allem die Eigenheiten der Orchestration eines jeden, die oft sehr bemerkbar waren, in Betracht ziehen; die Folge davon würde einerseits die Schwierigkeit der ganzen Aufstellung sein, und andererseits würde die Begründung des Ausschlusses der westlichen Komponisten unmöglich sein: z. B. Richard Wagner, dessen Orchestration immer und sehr von Rimsky-Korssakow bewundert wurde. Außerdem konnte Rimsky-Korssakow es nicht übersehen haben, daß seine eigenen Werke genügend Stoff enthielten, um alle Möglichkeiten der Orchestration zu illustrieren, und dazu entstammten sie ein und derselben allgemeinen Methode. Es ist hier nicht der Platz, diese Methode zu würdigen: die „Schule" Rimsky-Korssakows ist da, — jeder kann selbst beurteilen. Die Orchestration der russischen und eines ansehnlichen Teils der französischen Komponisten der letzten Zeit — eine Orchestration, erfüllt von Glanz und Farbe, — kommt größtenteils aus der Entwicklung der Methoden Rimsky-Korssakows, welcher selbst den genialen russischen Orchestrator Glinka als seinen geistigen Vater betrachtete.

Die Tabellen der Beispiele, welche in den Papieren Rimsky-Korssakows gefunden wurden, waren sehr unvollständig. Einige Teile davon waren wenig illustriert, andere waren es gar nicht. Der Verfasser hat gar keine Angaben gemacht, welche Beispiele im Text des 2. Bandes sein sollten und welche bloß als Hinweise auf Partituren bleiben mußten. Außerdem hat er nicht die Längen der Zitate angegeben. Diese ganze Arbeit mußte also der Redakteur machen. Nur nach Beseitigung vieler Zweifel und nach langem Schwanken habe ich die Beispiele gewählt. Es war auch sehr schwer, sich an die angegebenen Beispiele zu halten, da jede Seite der Kompositionen des Meisters Vortreffliches enthält, das die eine oder andere Orchestrierungsart darstellt.

Ich habe mich von folgenden Erwägungen leiten lassen, die auch mit den Ansichten des Verfassers vollständig konform waren: die Beispiele mußten möglichst einfach sein, um durch andere Eigenheiten die Aufmerksamkeit des Schülers von dem beabsichtigten Ziele nicht abzulenken; dann mußte, soweit möglich, ein einziges Beispiel zur Illustration verschiedener Abschnitte des Buches dienen. Außerdem war ich immer bestrebt, solche Passagen zu zitieren, die der Verfasser selbst angemerkt hat. Von solchen sind im 2. Bande 214, die übrigen 98 sind von mir hinzugefügt Alle diese Beispiele sind vorzugsweise aus den dramatischen Werken Rimsky-Korssakows gewählt, weil die Opern-Partituren den Lesern schwerer zugänglich sind als die Partituren symphonischer Werke[1]).

Am Schluß des 2. Bandes habe ich drei Tabellen hinzugefügt, welche die verschiedenen Dispositionen der großen *Tutti*-Akkorde darstellen. Alle von mir hinzugefügten Beispiele sind mit einem Stern versehen.

Ich will hier noch besonders betonen, daß das aufmerksame Studium der Beispiele des zweiten Bandes für den Schüler von größtem Nutzen sein kann, jedoch das Studium der Original-Partituren verschiedener Komponisten nicht ersetzen wird. Es bleibt mir noch übrig, zu der Absicht des Verfassers, die schlechten Stellen seiner Orchesterwerke anzugeben, einige Worte zu sagen. Diese Absicht hat Rimsky-Korssakow im Vorwort zu der letzten Redaktion geäußert, und er sprach des öfteren von der pädagogischen Wichtigkeit des Studiums solcher schlechten Stellen. Aber diesen Teil seines Planes hat er nicht verwirklicht. Ich hielt es meinerseits nicht für möglich, die Wahl solcher Beispiele vorzunehmen, und ich zitiere bloß zwei Beispiele, die der Verfasser selbst bezeichnet hat: I. „*Die Sage vom Zaren Saltan*" 220 , 7. Takt — das Thema der Blechinstrumente tritt zu wenig hervor, weil die Posaunen schweigen (leicht zu verbessern, indem man die Posaunen mitspielen läßt). II. „*Der goldene Hahn*" 233 , die Takte 10—14: wenn man die dynamischen Nuancen, die dem Blech gegeben sind, beobachtet, so wird man merken, daß das Gegenspiel der Bratschen und Celli, durch die Holzbläser verdoppelt, fast gar nicht zu hören sein wird. Man kann auch das Beispiel 75 dazurechnen, wobei meine Anmerkung (S. 63) zu beachten ist. Ich lasse es bei diesen Beispielen.

Zum Schluß muß ich meine tiefe Dankbarkeit Frau Rimsky-Korssakow zum Ausdruck bringen, die mir die Redaktion dieses Buches anvertraut hat und damit mir die Möglichkeit gab, wenn auch im kleinen, eine heilige Pflicht gegenüber dem teueren Andenken meines verehrten Lehrers und Meisters zu erfüllen.

St. Petersburg, Dezember 1912.

MAXIMILIAN STEINBERG.

[1]) In der letzten Zeit hat die Firma Belaieff angefangen, die Partituren der symphonischen Werke von Rimsky-Korssakow im Taschenformat herauszugeben.

Auszug aus der Vorrede des Verfassers (1891).

Unsere — nach-wagnerische — Zeit ist die Zeit des Glanzes und des Malerischen in der orchestralen Farbe. Berlioz, Glinka, Liszt, Wagner, die neuen französischen Komponisten — Delibes, Bizet und andere; die der neuen russischen Schule — Borodin, Balakirew, Glasunoff und Tschaikowsky — haben diese Seite der Kunst auf den Höhepunkt gebracht. Von diesem Standpunkt aus betrachtet, haben sie ihre Vorgänger in den Schatten gesetzt; ich meine: Weber, Meyerbeer und Mendelssohn, deren Genie sie ihren eigenen Fortschritt verdanken. Beim Verfassen meines Buches habe ich das Ziel vor Augen gehabt, dem schon geschulten Studierenden die wichtigsten Grundlagen der modernen Orchestration (die um das Malerische und Glänzende bestrebt ist) zu liefern; und einen bedeutenden Teil habe ich dem Studium der Klangfärbung (timbre) und der orchestralen Kombinationen gewidmet. Ich habe mich bemüht zu zeigen, wie eine gewollte Klangfärbung hervorzubringen ist, ebenso die gewünschte Einheit (Homogenität) und die nötige Stärke. Auch habe ich versucht, den Charakter und den Gang der Figuren, Zeichnungen und Ornamente, die irgendeinem Instrument oder einer Gruppe von Instrumenten eigen sind, besonders hervorzuheben und alle diese Fragen, soweit es im Bereiche der Möglichkeit lag, zu gewissen allgemeinen und möglichst kurzen und klaren Vorschriften zusammenzufassen, in einem Wort, ein möglichst sorgfältig bearbeitetes Material zu geben. Doch erhebe ich nicht den Anspruch, die Art der Verwendbarkeit dieser Materiale zu künstlerischen Zwecken zu lehren und ihnen einen Platz in der poetischen Sprache der Musikkunst zu geben. Wie eine Harmonie-, Kontrapunkt- oder Formenlehre dem Schüler harmonisches oder polyphones Material oder Grundlagen zu einer formgerechten Konstruktion und Disposition und gesunde technische Methoden gibt, — aber niemandem das Talent zum Komponieren mitbringt, so auch eine Instrumentationslehre: sie kann lehren, wie man einen Akkord zustande bringt, der eine gewisse Klangfarbe hat, der einheitlich zusammengestellt ist, der gut klingt; wie man eine Melodie auf einem gewissen harmonischen Grunde hervortreten läßt; wie man einer gewissen Gruppe die entsprechende Bewegung geben kann — kurz — alle solche Punkte in das richtige Licht zu stellen. Aber sie kann niemals lehren, wie man mit Kunst und Poesie instrumentieren soll. Die Instrumentation ist eine Schöpfung und Schaffen kann man nicht lehren.

Es ist ein großer Irrtum zu sagen: dieser Komponist instrumentiert gut, diese Komposition (orchestrale) ist gut instrumentiert, weil die Instrumentation eines von den Bildern der Seele des Werkes selbst darstellt. Das Werk selbst ist orchestral gedacht und verspricht schon bei seiner Konzeption gewisse orchestrale Farben, die ihm selbst und seinem Autor eigen sind. Könnte man Wagners Musik von ihrer Orchestration sondern? Das würde dasselbe bedeuten, als wenn man sagen würde: dieses Bild von diesem Maler ist wunderbar in Farben gezeichnet.]

Zwischen den Komponisten, alten und neuen, sind viele, denen es an Farbe vom Standpunkt des malerischen Klanges fehlt; diese Qualität ist außer dem Bereiche ihrer schöpferischen Wirksamkeit. Würde man darum sagen können, daß sie nicht orchestrieren *können?* Viele von ihnen verstehen ohne Zweifel viel besser zu orchestrieren als so und so viele Koloristen. Verstand vielleicht Brahms nicht zu orchestrieren? Und doch findet man in seinen Werken weder glanzvolle noch malerische Klangfarben. Das will bloß sagen, daß das Wesen seiner musikalischen Gedanken selbst gar keine Farbentendenz hatte — es verlangte nicht nach ihr.

Es ist da ein Geheimnis, das unmöglich weiterzugeben ist; und wer es besitzt, soll es mit einer Art Religiosität bewahren und niemals versuchen, es zu erniedrigen, indem er es zu einer Reihe angelernter Rezepte oder Vorschriften herabsetzt.

Hier wäre es am Platze, von einem oft vorkommenden Fall zu sprechen, nämlich, wenn Werke nach Skizzen des Komponisten von einem anderen orchestriert werden. Wer solche Aufgabe unternimmt, muß von den Gedanken des Komponisten sich durchdringen lassen, seine noch nicht realisierten Absichten erraten und so ausführen, daß die vom Komponisten selbst geborene Idee, welche als Grundprinzip des Werkes gegeben ist, entwickelt und vollendet werde.

Auf diese Weise orchestrieren — ist auch Schaffen, doch indem man sich einem anderen, Fremden unterordnet. Aber eine Komposition orchestrieren, die der Autor gar nicht zum Orchestrieren bestimmt hat, ist ein Unternehmen, das unangenehm und wenig wünschenswert ist. Und doch haben viele Musiker diesen Irrtum begangen und begehen ihn noch heute[1]). Auf jeden Fall ist das der unterste Zweig der Orchestration: etwas Ähnliches wie das Kolorieren von Photographien oder Stichen. Es ist außerdem auch selbstverständlich, daß man die einen wie die anderen gut und schlecht kolorieren kann.

Mein Schicksal hat es gewollt, daß ich in Sachen der Orchestration in guter Schule war und daß ich eine sehr mannigfaltige Erfahrung erwarb. Erstens konnte ich die Aufführung aller meiner Kompositionen vom Modellorchester der Petersburger Oper hören. Zweitens habe ich, weil mir verschiedene Richtungen und Strömungen bekannt waren, für verschiedene Größen von Orchestern geschrieben, angefangen von den einfachsten (meine Oper „*Die Mainacht*" ist mit Naturtrompeten und -hörnern geschrieben) bis zu den reichsten. Drittens habe ich im Laufe mehrerer Jahre die Militärkapellen der Marine dirigiert und konnte auf diese Weise die Blasinstrumente studieren. Viertens habe ich ein Schülerorchester von sehr jungen Leuten gebildet, die ich so weit brachte, daß sie annähernd gut Werke von Beethoven, Mendelssohn, Glinka usw. spielen konnten. Alles das führte mich dazu, dieses Werk als ein Ergebnis meiner langen Erfahrungen hinzustellen.

Ich habe als Ausgangspunkt folgende grundlegende Prinzipien angenommen:

I. Im Orchester gibt es keine schlechten Klangfarben (timbre).

II. Jede Komposition muß so geschrieben werden, daß sie leicht ausführbar ist; je leichter die Stimmen der Spieler

---

[1]) Bei diesem Satz ist im Manuskript ein Fragezeichen. (Anm. d. Red.)

im praktischen Gebrauch sind, desto zugänglicher ist der künstlerische Ausdruck der Gedanken des Komponisten[1]).

III. Ein Werk muß für eine wirkliche Orchesterbesetzung geschrieben sein, auf die man rechnet, oder mindestens für eine Besetzung, die in Wirklichkeit zu realisieren ist (wenn der Komponist eine neue Absicht zu erreichen bestrebt ist), und nicht für eine illusorische Besetzung, wie noch bis heute viele Komponisten es tun, die in ihre Partituren Blechinstrumente einführen, deren Stimmung nicht gebräuchlich ist und auf denen man nur dann die Partien ausführen kann, falls sie in einer anderen Tonart gespielt werden als in der vom Komponisten angegebenen.

Es ist schwer eine Methode anzugeben, nach welcher man ohne Lehrer die Orchestration lernen könnte. Im allgemeinen gesprochen, muß man stufenweise vorwärts schreiten: von der einfachsten zu den mehr und mehr komplizierten Arten der Orchestration.

Gewöhnlich durchschreitet derjenige, welcher die Orchestration studiert, folgende Phasen: 1. Die Periode, in welcher man sich auf die Schlaginstrumente konzentriert, von denen, wie man meint, die ganze Schönheit des Klanges abhängt, und auf die man alle Hoffnungen setzt — das ist das unterste Stadium. 2. Die Periode, in welcher man für die Harfe passioniert ist: man hält sich für verpflichtet, durch den Klang dieses Instrumentes alle Akkorde zu verdoppeln. 3. Man ist nur für Holz- und Blechinstrumente begeistert; man bringt gestopfte Töne, zu denen sich die Streicher mit *Sordine* oder in *Pizzicati* gesellen. 4. Der Geschmack entwickelt sich und man zieht allen anderen Stoffen die Gruppe der Streicher vor, die man jetzt als die reichste und ausdrucksvollste anspricht. Wenn man allein arbeitet, ist es sehr wichtig, gegen die Irrtümer der drei ersten Perioden zu kämpfen. Das beste Mittel bleibt immer, die Partituren zu lesen und die Orchester-

---

[1]) A. Glasunoff hat sehr fein die verschiedenen Grade der Perfektion in der Orchestrierung charakterisiert. Er teilt sie in drei Hauptkategorien: 1. Das Orchester klingt gut, sobald die Ausführung einigermaßen korrekt ist — wunderbar, sobald genügend geprobt ist. 2. Die Effekte sind nur nach großen Bemühungen und Anstrengungen des Kapellmeisters und der Spieler zu erreichen. 3. Trotz aller Anstrengungen des Orchesters und des Kapellmeisters ist die Klangwirkung niemals befriedigend. Selbstredend muß die Orchestration als einziges Ideal die erste dieser Kategorien betrachten.

aufführungen mit der Partitur in der Hand anzuhören. Aber in diesem Punkt ist es nicht ratsam, eine bestimmte Regel aufzustellen. Es ist gut, alles anzuhören, speziell aber genügend moderne Musik: diese allein kann belehren, wie man orchestrieren muß — die alte jedoch würde als Kontrast nur in negativer Richtung nützliche Beispiele liefern können. Weber, Mendelssohn, Meyerbeer (im *Propheten*), Berlioz, Glinka, Wagner, Liszt, die modernen französischen Komponisten, — das sind die besten Modelle. Es ist unnütz, wenn Berlioz und Gevaert sich bemühen, ihr Bestes zu tun, indem sie Beispiele aus Werken von Gluck zitieren. Die Sprache dieser Beispiele ist zu alt, unserem heutigen musikalischen Ohr fremd; sie können nicht mehr von Nutzen sein. Dasselbe kann man von Mozart und Haydn (ein großer Orchestrator und Vater der modernen Orchestration) sagen.

Die gigantische Figur Beethovens bleibt für sich. Seine Musik zeigt löwenartige Anläufe von einer unerschöpflichen und tiefen orchestralen Fantasie; aber die Ausführung im Detail bleibt hinter der titanischen Konzeption weit zurück. Ganz abgesehen von seinen Trompeten, den schwer ausführbaren und ungünstigen Intervallen, die er den Hörnern vorschreibt, mit den genialen Zügen seiner Streichinstrumente und oft sehr farbigen Anwendung der Holzbläser: das alles vereinigt sich zu einem Ganzen, wo der Schüler Millionen sich widersprechender Punkte gegenüberstehen wird.

Es ist verkehrt zu denken, daß der Anfänger in der modernen Musik von Wagner und anderen nicht einfache und lehrreiche Beispiele finden würde; im Gegenteil, er wird dort viel zahlreichere, klarere und bessere finden als in dem, was man klassische Literatur nennt.

Auszug aus der Vorrede zur letzten Redaktion.

Meine Aufgabe bei Beginn dieser Arbeit ist: die Grundlagen der modernen Orchestration von einem etwas anderen Standpunkt aus zu zeigen, als es die meisten Abhandlungen tun. Das sind die Grundlagen, die mich selbst bei der Orchestration meiner eigenen Werke geleitet haben. Mit dem Wunsche, den jungen Komponisten und Schülern einige Ideen mitzuteilen, gebe ich Beispiele aus meinen eigenen Werken oder weise auf sie hin und versuche aufrichtig und objektiv zu zeigen, was gelungen und was nicht gelungen ist. Keiner, außer dem Autor selbst, kann so gut manche Impulse und Absichten kennen, welche ihn während seiner schöpferischen Arbeit geleitet haben. Oft ist mir die Art der Erläuterung der Absichten des Autors sehr wenig befriedigend vorgekommen, obgleich die Forscher sehr ehrwürdig und gründlich waren. Man gibt den ganz einfachen Tatsachen entweder eine zu sehr philosophisch-verschlossene oder eine überflüssig-poetische Bedeutung. Manchmal inspiriert die Verehrung großer Namen der Autoren (ob es ganz alte oder moderne sind) dazu, mittelmäßige Beispiele als gute zu bezeichnen. Fälle, wo Unachtsamkeit oder Unwissen vorliegen, die leicht durch die herrschende technische Unvollkommenheit oder sonstwie zu erklären wären, erzeugen ganze Seiten emsig-fleißiger Erklärungen, um zu entschuldigen, manchmal sogar, um einen fehlerhaften Satz zu loben.

Dieses Buch ist denjenigen zugedacht, welche die instrumentale Technik aus dem ausgezeichneten Handbuch von Gevaert oder jedem beliebigen anderen schon gelernt haben und die Kenntnis einer gewissen Anzahl Orchester-Partituren besitzen.

Darum werde ich nur vorübergehend die technischen Fragen berühren (Fingersatz; Skala; Art, die Töne hervorzubringen usw.[1]).

Dieses Buch wird hauptsächlich folgendes enthalten: Kombinationen der Instrumente gruppenweise oder im ganzen Orchester-Ensemble. Die Arten, Klangwirkung, Stärke, Einheit, Verteilung der Stimmen, Variation der Färbung und orchestralen Ausdruck hervorzubringen — alles hauptsächlich in bezug auf die dramatische Musik.

----

[1] Eine kurze Abhandlung über diese Fragen ist jetzt in dem ersten Kapitel dieses Buches vorhanden. (Anm. d. Red.)

Erstes Kapitel

Allgemeine Übersicht der orchestralen Gruppen.

A. Streichinstrumente.

Die Zusammensetzung des Streichquintetts und die Zahl der Spieler in den heutigen Theater- und Konzert-Orchestern ist folgende:

	Großes Orchester	Mittelgroßes Orchester	Kleines Orchester
I. Violinen . . .	16	12	8
II. „	14	10	6
Bratschen . . .	12	8	4
Violoncelli . . .	10	6	3
Kontrabässe . . .	8—10	4—6	2—3

In den großen Orchestern kann die Zahl der 1. Geigen bis auf 20 und sogar auf 24 vergrößert werden, wobei die Zahl der anderen Streichinstrumente proportional auch vergrößert wird. Doch wirkt eine so große Anzahl Streicher erdrückend auf die normale Zusammensetzung der Holzbläser, weswegen diese verdoppelt werden müssen. Oft trifft man Orchester mit weniger als 8 ersten Geigen, was nicht gut ist: denn hier wird das Gleichgewicht zwischen den Streichern und Holzbläsern gestört. Dem Komponisten kann man den Rat geben, sein Orchester so zusammenzusetzen, daß die Streichergruppe mittelgroß vorausgesetzt wird. Denn in diesem Falle wird es vorteilhaft sein, wenn sein Werk von einem zahlreicheren Orchester aufgeführt wird; wenn aber das Orchester kleiner sein sollte, so wird der Schaden geringer.

Überall, wo die Streichergruppe mehr als fünffach besetzt ist, können die zur Harmonie gehörenden Stimmen in der Zahl vergrößert werden, indem man jede Stimme in zwei, drei, vier und noch mehr Teile zerlegt (*divisi*), ganz abgesehen davon, daß man jeder Stimme doppel-, drei- und vierfache Griffe zuteilen kann. Am häufigsten verfährt man mit den Hauptstimmen so: Die 1. und 2. Geigen, die Bratschen und Celli werden in zwei Partien geteilt. Die Spieler sind dann nach den Pulten geteilt: 1., 3. und 5. Pult spielen die höhere Stimme, 2., 4. und 6. die tiefere. Oder an jedem Pult spielt der rechtssitzende die höhere und der linkssitzende die tiefere Stimme. Die Teilung in 3 Teile ist weniger vorteilhaft, weil die Zahl der Spieler selten in drei zu teilen ist, und daraus entsteht die Schwierigkeit einer gleichmäßigen Verteilung. Und trotzdem gibt es Fälle, wo man dieses Mittel nicht zu scheuen braucht, um die Einheit der Klangwirkung zu erhalten: der Kapellmeister muß darauf achtgeben, daß die Teilung richtig gemacht wird. Wenn man dieses Mittel anwendet, ist es das beste, in der Partitur zu vermerken, daß solch eine Stelle von drei oder sechs Pulten gespielt werden soll (z. B.: Viol. I, 1., 2., 3. Pult), von 6 oder 12 Spielern (6 Celli div. à 3) usw. — Die Teilung in vier ist seltener und wird meistens im *piano* angewandt, weil sie beträchtlich den Klang der Streicher vermindert.

Anmerkung: Für die Orchester, deren Streichergruppe klein ist, wird die Ausführung vieler geteilter Stellen sehr schwierig, und die nötige Klangwirkung bleibt gewöhnlich aus.

Die *Divisi* ermöglichen folgende besondere Kombinationen:

$$a \begin{cases} \text{Viol. I div.} \\ \text{Viol. II div.} \end{cases} \quad b \begin{cases} \text{Viol. II div.} \\ \text{Viole div.} \end{cases} \quad c \begin{cases} \text{Viole div.} \\ \text{V-celli div.} \end{cases} \quad d \begin{cases} \text{V-celli div.} \\ \text{C-bassi div.} \end{cases}$$

Außerdem noch: weniger gebrauchte Kombinationen:

$$e \begin{cases} \text{Viol. I div.} \\ \text{Viole div.} \end{cases} \quad f \begin{cases} \text{Viol. II div.} \\ \text{V-celli div.} \end{cases} \quad g \begin{cases} \text{Viole div.} \\ \text{C-bassi div.} \end{cases} \quad \text{usw.}$$

Anmerkung. Es ist klar, daß die Klangwirkung der Gruppen b und e gleich ist. Doch wäre die Kombination *b* vorzuziehen, weil die Zahl der II. Violinen (14—10—6) und der Bratschen (12—8—4) fast dieselbe ist; die Rollen, welche diese beiden Elemente im Orchester darstellen, stehen sich näher, außerdem sind die II. Violinen gewöhnlich neben den Bratschen placiert, so daß auf diese Weise mehr Gleichheit zustande kommt und eine größere Einheit erzielt wird.

Der Leser wird im zweiten Bande der musikalischen Beispiele alle Arten der Teilung finden. Einige erläuternde Erklärungen der Anwendung von *Divisi* werden an den entsprechenden Stellen noch gegeben. Wenn ich mich schon hier über dieses Mittel in der Orchestration geäußert habe, so war es bloß, um zu zeigen, welche Veränderungen die Anwendung der *Divisi* in die gewöhnliche Art der Komposition des Orchester-Quintetts bringen kann.

Von allen Gruppen ist die Streichergruppe die reichste in der Art, den Klang hervorzubringen; auch hat sie die meisten Möglichkeiten, von einer Nuance in die andere überzugehen, und zeigt in dieser Beziehung eine unendliche Mannigfaltigkeit. Die Ausführung von *legato, sciolto, staccato, spiccato, portamento, martellato,* leichtem *staccato, saltando;* Ansatz beim Frosch, bei der Spitze (*a punto d'arco*); ⊓ ⊓ ⊓ und V V V (Herunterstrich und Hinaufstrich) in verschiedenen Zusammensetzungen und Nacheinanderfolgen; alle Grade der Stärke vom *fortissimo,* bis zum *pianissimo,* das *crescendo, diminuendo, sforzando, morendo* — alles das ist dem Streichquintett eigen.

Die Möglichkeit, leicht ausführbare Doppeltöne hervorzubringen, sogar ganze Akkorde (Drei- und Vierklänge), läßt die Instrumente dieser Gruppe nicht nur als melodische, sondern sogar als harmonische erscheinen (ganz ohne Zuhilfenahme der *Divisi*)[1].

Was die Beweglichkeit und Feinheit anbelangt, so kommt in dieser Gruppe der erste Platz der Violine zu; dann kommt die Bratsche, nach ihr das Violoncello und zuletzt der Kontrabaß. In der Praxis muß man als die äußersten Grenzen einer freien orchestralen Ausführung folgende annehmen:

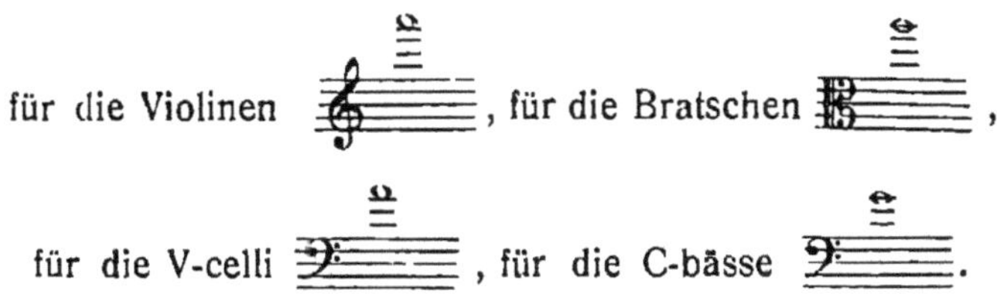

---

[1] Die Aufzeichnung der leicht greifbaren Tripel- und Quadrupelgriffe, sowie die Erklärung des Ansatzes, gehören nicht in den Rahmen dieses Buches.

Die höheren Töne, welche in der anliegenden Tabelle für Streichinstrumente angeführt sind, müssen nur mit großer Vorsicht angewandt werden, d. h. bei langgehaltenen Noten, bei *tremolo* oder
bei melodischen Linien, die sich langsam bewegen, bei Figuren
und Sequenzen in Form von Tonleitern gemäßigter Schnelligkeit,
bei Passagen wiederholter Noten, möglichst ganz ohne Sprünge.

> *Anmerkung.* Bei allen raschen Passagen der Streichinstrumente muß man
> alle langen und schnellen chromatischen Läufe vermeiden, da sie sehr schwer
> ausführbar sind und undeutlich und verworren klingen. Diese Art Passagen gibt
> man am besten den Holzbläsern.

Um einer bequemen und freien Ausführung sicher zu sein, muß
man als äußerste Grenze in der Höhe auf den drei tieferen Saiten
der Violinen, Bratschen und Celli die vierte Position betrachten:
also ungefähr eine Oktave oder None der freiklingenden Saite.

Die Vornehmheit, Weichheit und Wärme des Klanges, die Gleichheit des Tones von einem Ende der Skala bis zum anderen, Eigenschaften, welche allen Streichinstrumenten eigen sind, bilden die
wichtigste Überlegenheit dieser Gruppe gegenüber allen anderen.
Außerdem bildet jede Saite eines Streichinstrumentes in gewissem
Sinne eine charakteristische Individualität, die ebenso schwer in
Worten auszudrücken ist, wie die allgemeine Charakteristik ihrer
Klangfarben. Die höchste Saite der Violine (*E*, Quinte) zeichnet
sich durch ihren Glanz aus. Dieselbe Saite der Bratsche (*A*) hat
etwas Beißendes und Nasales. Die des Violoncellos (*A*) besitzt
eine Reinheit, etwas Klares und gleicht dem Tone der Bruststimme.
Die Saiten *A* und *D* der Violine, *D* der Bratsche und des Violoncellos sind etwas schwächer und weicher als die anderen. Die über-
sponnenen Saiten der Violine (*G*) der Bratsche und des Violoncellos
(*G* und *C*) haben einen etwas herben Klang. Im allgemeinen
gesprochen, ist die Klangfarbe des Kontrabasses ziemlich gleichmäßig, etwas dumpfer auf den tieferen Saiten (*E* und *A*) und
etwas schärfer auf den höheren (*D* und *G*).

> *Anmerkung.* Außer den ausgehaltenen Pedalnoten spielen die Kontrabässe
> selten eine unabhängige Rolle, sie gehen gewöhnlich in Oktaven mit den
> Celli, manchmal unisono mit diesen, oder verdoppeln die Fagotte. Somit
> hört man nicht deren Klang isoliert und deswegen ist der besondere Klang
> der Saiten fast unmerkbar.

Diese wunderbare Eigenschaft, die Töne und ganze Reihen von
Tönen zu verbinden und auszuhalten, sowie die Möglichkeit des

Tabelle A. Gruppe der Streichinstrumente.

Diese Instrumente geben alle chromatischen Intervalle.

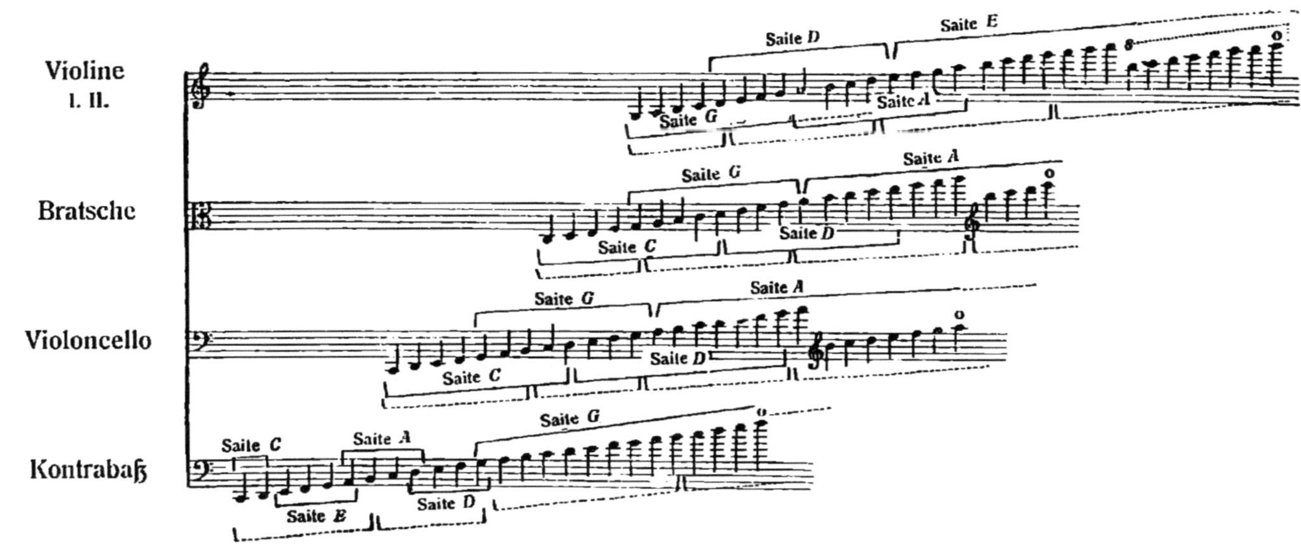

Die schwarzen Linien bedeuten die Grenzen der üblichen Orchesterschrift. Die punktierten Linien die Register: tief, mittel, hoch, höchst.

Vibrierens der angedrückten Saiten machen aus den Streichern die am meisten berufene Gruppe, um das Singende und Ausdrucksvolle im Orchester darzustellen, besonders, wenn man sich der früher erwähnten Eigenschaften erinnert: Wärme, Weichheit und Vornehmheit der Klangfarbe. Doch, wenn die Töne höher werden als die äußersten Grenzen der menschlichen Stimme: z. B. die Violintöne höher als die höchsten Töne des Soprans, ungefähr vom

 an,

und die niedrigen Töne des Kontrabasses niedriger als die der tiefen Stimme, ungefähr unter

(geschrieben),

dann verlieren sie ihren Ausdruck und die Wärme des Klanges. Der Klang der freien Saiten, der etwas heller und stärker ist als der der angedrückten, ist wenig ausdrucksvoll: deswegen ziehen es die Spieler vor, um einen ausdrucksvollen Gesang zu erlangen, die mit Fingern angedrückten Töne zu benutzen.

Wenn man die Skala jedes einzelnen Streichinstrumentes mit dem Umfang der menschlichen Stimmen vergleicht, so kann man der Violine den Sopran und den Alt gleichstellen, mit einem Zusatz (bei der Violine) der äußerst hohen Töne, der Bratsche — den Alt und Tenor, auch mit einem Register der äußerst hohen Töne; dem Violoncello — den Tenor und den Baß mit einem hohen Register dazu, und dem Kontrabaß — die Baßstimme samt einem tiefen Register.

Aus der Anwendung von Flageolett-Tönen, der Sordine und einigen besonderen Bogenführungen entstehen fundamentale Veränderungen der Farbe und des Charakters im Klange aller dieser Instrumente.

Die heute sehr gebräuchlichen Flageolett-Töne erzeugen ganz stark bemerkbare Veränderung der Klangfarbe. Kalt und durchsichtig im *piano*, kalt und glänzend im *forte*, wenig Ausdruck zulassend, sind sie in der Orchestration als ein Element der Verzierung, aber nicht als Grundelement zu betrachten. Die Schwäche ihres Klanges erfordert Vorsicht; besonders soll man es vermeiden, sie zu bedecken. Man gebraucht sie in langgezogenen Noten, im *tremolando,* oder um an gewissen Stellen grellglänzende Punkte zu geben, aber nur in ganz seltenen Fällen gibt man ihnen Melodien von ganz besonderer Einfachheit. Eine gewisse Analogie zwischen ihnen und dem Klang der Flöte gibt sozusagen eine Möglichkeit des Überganges zur Gruppe der Holzblasinstrumente.

Eine andere wichtige Veränderung kommt von der Anwendung der Sordine (Dämpfer). Der klare, singende Klang der Streichinstrumente wird matt im *piano,* etwas pfeifend im *forte* und verliert an Kraft.

Der Platz, an welchem die Saite vom Bogen berührt wird, beeinflußt auch den Charakter, die Klangfarbe und Stärke. Die Führung des Bogens am Steg (*sul ponticello*), am meisten im *tremolando* gebraucht, gibt einen metallischen Klang; die Führung am Griff (*sul tasto, flautando*) einen matten und trüben Klang.

Anmerkung. Eine absolute Veränderung der Klangwirkung ergibt sich beim Spiel mit dem Holz des Bogens (*col legno*). Es erzeugt einen Klang, der dem des Xylophons ähnlich ist oder einem dumpfen *pizzicato.* Darüber mehr im Kapitel über die Instrumente mit kurzer Klangdauer.

Die fünf Partien der Streichinstrumente mit der oben angegebenen Zahl der Spieler gleichen sich annähernd an Stärke. Wenn ein Übergewicht an Kraft zu vermerken ist, so ist es zugunsten der I. Violinen: erstens wegen ihrer Position in der Harmonie, weil jede höher gelegene Stimme mehr zu hören ist; dann, weil die Spieler gewöhnlich besseren Klang erzielen als die zweiten Geiger; und drittens, weil man in den meisten Orchestern den I. Violinen ein Pult mehr als den II. zuteilt in der Absicht, der höheren Stimme mehr Kraft zu verleihen, weil ihr gewöhnlich die wichtigste melodische Funktion anvertraut wird. Die II. Violinen und die Bratschen, als Träger der mittleren harmonischen Stimmen, sind weniger hörbar. Die Violoncelli und Kontrabässe, die gewöhnlich den Baß in einer Oktave führen, kommen mehr zum Vorschein.

Um diese kurze Übersicht der Streichergruppe zu beschließen, muß man noch hinzufügen, daß die Natur dieser Gruppe, welche das Element der Melodie darstellt, dazu berufen ist, das Singende jeden Charakters, rasche oder abgerissene Sätze, diatonische und chromatische Gänge und Passagen auszuführen. Im Besitze der

Möglichkeit, den Klang ohne Schwierigkeiten auszuhalten und ausdehnen, ihn in unendlichen Arten zu nuancieren, in Tripel- und Quadrupelgriffen zu spielen, sich in mehr oder weniger zahlreiche Teile zu zerlegen (*divisi*), präsentiert die Streichergruppe einen großen Reichtum an Möglichkeiten des Ausdrucks und der Harmonisation.

B. Blasinstrumente.

Holzblasinstrumente.

Die Zusammensetzung der Streicher-Gruppe bleibt, — die Zahl der Spieler ausgenommen, — immer dieselbe, mit ihren fünf Abteilungen, welche den Ansprüchen jeder Orchester-Partitur genügen. Dagegen ist die Zusammensetzung der Gruppe der Holzblasinstrumente sehr verschieden, wie in der Zahl der Stimmen so auch in bezug auf den Klang, den sie hervorbringen kann, worüber der Wille des Komponisten zu entscheiden hat. Man kann drei allgemeine Typen erkennen: die Zusammensetzung paarweise, à drei und à vier. (Vgl. die Tabelle.)

Die arabischen Ziffern bezeichnen die Zahl der Spieler jeder Art und Kategorie, die römischen — die Zahl der Stimmen.

Holzbläser à zwei	Holzbläser à drei	Holzbläser à vier
(II—Piccolo-Flöte)	(III—Piccolo-Flöte)	1 Piccolo-Flöte (IV.)
2 Flöten I. II.	3 Flöten I. II. III.	3 Flöten I. II. III.
	(II—Altflöte)	(III—Altflöte)
2 Hoboen I. II.	2 Hoboen I. II.	3 Hoboen I. II. III.
	1 Englischhorn (III.)	1 Englischhorn (IV.)
	(II—Kleine od. Piccolo-Klarinette)	(II—Kleine Klarinette)
2 Klarinetten I. II.	3 Klarinetten I. II. III.	3 Klarinetten I. II. III.
(II—Baßklarinette)	(III—Baßklarinette)	1 Baßklarinette (IV.)
2 Fagotte I. II.	2 Fagotte I. II.	3 Fagotte I. II. III.
	1 Kontrafagott (III.)	1 Kontrafagott (IV.)

Die Instrumente, welche keinen besonderen Spieler erfordern, sondern von einem der Spieler zeitweise statt seines gewöhnlichen

Instrumentes geblasen werden (für kurze Zeit oder auch für die Dauer eines ganzen Absatzes), sind in Klammern angeführt. Gewöhnlich wechseln die erste Flöte, erste Hoboe, erste Klarinette und das erste Fagott ihr Instrument nicht. In Anbetracht der Verantwortlichkeit ihrer Stimmen ist es vorzuziehen, daß sie nicht von einem Ansatz zum anderen übergehen müssen. Die Partien der kleinen Flöte, der Altflöte, des Englischhorns, der kleinen Klarinette oder Baßklarinette und des Kontrafagotts fallen den zweiten und dritten Spielern zu, da diese gewöhnt sind, die Nebeninstrumente zu spielen; sie geben des öfteren ihr gewöhnliches Instrument auf, um es mit dem Nebeninstrument auszuwechseln.

Manchmal ist die Zusammensetzung à zwei durch die ständige Zugabe einer kleinen Flöte modifiziert. Es geschieht auch, daß der Komponist zwei kleine Flöten oder zwei Englischhörner usw. verwendet, ohne deswegen die Zahl der durch die Komposition erheischten Spieler zu vergrößern.

Anmerkung I. Einige Komponisten verwenden durchweg im Verlaufe eines großen Werkes (Oratorium, Oper, Symphonie) die Zusammensetzung à zwei und schalten für kürzere oder längere Perioden besondere Instrumente ein, welche dann Ergänzungs- oder Zusatz-Instrumente genannt werden und die einen besonderen Spieler haben müssen, der aber nicht im Laufe des ganzen Stückes beschäftigt ist. So machte es besonders Meyerbeer. Die anderen, wie Glinka, versuchen im Gegenteil die Zahl der Spieler durch die Zusatzinstrumente nicht zu vergrößern (Partie des Englischhorns im *Ruslan*). Wagners Werke enthalten die sämtlichen drei Typen der Komposition (à zwei: *Tannhäuser;* à drei: *Tristan;* à vier: die *Tetralogie*).

Anmerkung II. Von meinen Werken ist *Mlada* das einzige, in dem die Zusammensetzung à vier angewendet ist. *Pskovitianka, Sadko, die Sage vom Zaren Saltan, die Sage von der unsichtbaren Stadt Kitesh* und der *Goldene Hahn* haben die Holzbläser à drei. In allen anderen ist die Zusammensetzung à zwei mit Zugabe einer kleineren oder größeren Anzahl von Zusatz-Instrumenten. Nur die *Weihnachtsnacht* bietet einen Übergangs-Typus, indem sie die Zusammensetzung zwei Fagotte und zwei Hoboen mit drei Flöten und drei Klarinetten aufweist.

Die Streichergruppe gibt eine gewisse Mannigfaltigkeit in den Klangfarben nach den verschiedenen Instrumenten, aus denen sie besteht und auch nach den Registern, die von der Verschiedenheit der Saiten selbst abhängen. Aber diese Mannigfaltigkeiten und Verschiedenheiten sind klein, wenig fühlbar. In der Holzblasinstrumentengruppe dagegen tritt die Verschiedenheit des Klanges eines jeden Instruments: der Flöte, Hoboe, Klarinette und des Fagotts mit einem Mal und ganz frappant hervor, ebenso auch die Verschiedenheit der Register jedes einzelnen Instruments. Im allgemeinen besitzt die Holzblasinstrumentengruppe viel weniger Geschmeidigkeit im Vergleich mit der Streichergruppe, in bezug auf Beweglichkeit, Möglichkeit der Nuancierung und des raschen Übergangs von einer Nuance in die andere; sie hat eben nicht diesen hohen Grad der Ausdruckskraft und Lebendigkeit, die wir bei den Streichinstrumenten finden.

Bei jedem der Holzblasinstrumente unterscheide ich den Bereich des ausdrucksvollen Spiels, d. h. eine Region, in deren Bereich das Instrument am besten imstande ist, alle möglichen Nuancen hervorzubringen, die stufenweisen oder plötzlichen, die der Stärke und der Beharrlichkeit des Klanges *(forte, piano, cresc., dim., sforzando, morendo usw.)*, so daß der Spieler wirklich mit Ausdruck spielen kann im vollen Sinne des Worts. Außer diesem Bereiche des Ausdrucks besitzt das Instrument Töne, die reicher an Farbe als an Ausdruck sind. Ich bin vielleicht der erste, der die Bezeichnung „Bereich des ausdrucksvollen Spiels" anwendet. Dieser Bereich erstreckt sich nicht auf die Repräsentanten der höchsten und der niedrigsten Stufen der allgemeinen Orchesterskala, d. h. auf die kleine Flöte und das Kontrafagott, welche keine solche Region aufweisen und somit zu der Kategorie der Instrumente der Farbe und nicht des Ausdrucks gehören.

Die vier Arten der Instrumente dieser Gruppe: Flöten, Hoboen, Klarinetten und Fagotte können im großen ganzen als von gleicher Kraft bezeichnet werden. Dasselbe kann man auch von denen sagen, die eine besondere Rolle spielen; kleine Flöte, Altflöte, Englischhorn, kleine Klarinette, Baßklarinette, Kontrafagott. Jedes dieser Instrumente hat vier Register: das tiefe, das mittlere, das hohe und das höchste, von denen jedes durch gewisse Verschiedenheiten des Klanges und der Stärke sich auszeichnet. Es ist schwer für jedes Register bestimmte Grenzen anzugeben: in bezug auf Klang und Stärke verschmelzen beinahe die nebeneinanderliegenden Register und der Übergang von dem einen in das andere ist wenig fühlbar. Wenn man aber über ein Register springt, indem man z. B. vom tiefen in das hohe oder umgekehrt übergeht, werden diese Unterschiede sehr bedeutend.

Die vier Familien der Holzblasinstrumente können in zwei Kategorien geteilt werden: a) Instrumente mit näselndem Klang und dunklem Ton — Hoboe und Fagott (Englischhorn und Kontrafagott); und b) Instrumente mit dem Klang einer Bruststimme nnd klarem Ton — Flöten und Klarinetten (Kleine Flöte, Altflöte, Kleine Klarinette, Baßklarinette).

Diese Charakteristik ihrer Klangfarben — die etwas elementar und vereinfacht ist — macht sich besonders in den mittleren und hohen Registern bemerkbar. Die tiefen Register der Hoboen und Fagotte klingen, ohne das Näselnde zu verlieren, hart und dick. Das höchste Register ist trocken und dünn. Der klare und bruststimmartige Klang der Flöten und Klarinetten erhält im tiefen Register etwas Näselndes und Düsteres; im höchsten wird er ziemlich schneidend.

Anmerkung. Die in Worten ausgedrückte Bezeichnung der Qualität der Klangfarben bleibt immer ungenau und mangelhaft. In diesem Punkte muß man die Bezeichnungen dem Gebiete des Gesichts, des Tastgefühls und Geschmacks entnehmen. Die Beziehung dieser, anderen Gebieten entlehnten Bilder zu den musikalischen ist, für mich wenigstens, über allen Zweifel erhaben. Jedem, der seine musikalischen Eindrücke schildern will, bieten sich analoge entlehnte Bilder von selber an. Aber im allgemeinen wirken diese Definitionen, die den Gesichts-, Tast- und Geschmacks-Eindrücken entnommen sind, sobald sie bei der Musik angewandt werden, — sehr rudimentär. Man soll manchen davon nicht eine Bedeutung beimessen, die eigentlich zu verwerfen wäre. Wenn ich die Ausdrücke: dick, scharf, schneidend, trocken usw. anwende, so ist dabei meine Absicht, das Künstlerische in bezug auf Klang zu charakterisieren, nicht aber etwas Genaues und Materielles zu geben, denn das kommt gar nicht in Frage. Die instrumentalen Klänge, welche keine künstlerische Bedeutung haben, bezeichne ich als verwerfliche Klänge und ich nenne sie so, nicht ohne einen Grund dafür anzugeben. Außer diesen, bitte ich den Leser alle Töne und Klangfarben des Orchesters als schön vom künstlerischen Standpunkte zu betrachten, obgleich man sie zu verschiedenen Zwecken anwendet.

Auf Seite 20 und 21 ist eine Tabelle des Tonumfanges der Holzblasinstrumente mit der annähernden Angabe der Register, Bezeichnung der Klangfarben und des Bereiches des ausdrucksvollen Spiels (außer für die kleine Flöte und Kontrafagott).

Die Instrumente des klaren und Brusttonklanges — Flöten und Klarinetten — sind am meisten beweglich. In dieser Hinsicht nimmt die Flöte den ersten Platz ein. Doch was den Reichtum und die Geschmeidigkeit des Klanges anbelangt, auch die Fähigkeit des Ausdrucks, — so ist die Klarinette die erste. Ihr Ton kann solche Feinheit erreichen, daß er beinahe ein Hauch ist. Die Instrumente der näselnden Klangfarbe — Hoboen und Fagotte — besitzen weniger Beweglichkeit und Geschmeidigkeit für die Nuancierung, da es bei ihnen bemerkenswert ist, daß sie den Ton mittels einer doppelten Platte des Mundstücks hervorbringen. Sie sind, wie die Flöten und Klarinetten, auch dazu bestimmt, allerlei Tonleitern und rasche Passagen zu spielen, und sind besonders melodisch im besten Sinne dieses Wortes, — speziell für friedliche, singende Sätze; sehr bewegte Passagen sind ihnen oft zugedacht, wenn sie die Flöten, Klarinetten oder die Streicher verdoppeln, wogegen solche rasche Passagen den Flöten und Klarinetten allein gegeben werden.

Die vier Familien dieser Instrumente eignen sich gleich gut für das *legato*, wie auch für das *staccato*, auch können sie den Übergang von dem einen zum andern, sowie deren verschiedene Verbindungen gut ausführen. Doch ist das sehr genaue und durchdringende *staccato* der Hoboen und Fagotte besonders zu empfehlen, wogegen die Flöten und Klarinetten in der Art, ein gleichmäßiges und dauerndes *legato* auszuführen, sich glänzend bewähren. Die ersten sind in gemischten und *legato*-Sätzen, die zweiten in gemischten und *staccato*-Sätzen vorzuziehen. Übrigens sollen diese allgemeinen Definitionen den Komponisten nicht daran hindern, sie umgekehrt anzuwenden.

Beim Vergleiche der technischen Eigenheiten verschiedener Holzblasinstrumente muß man folgende wichtige Unterschiede beachten:

a) Das rasche Wiederholen ein und derselben Note durch einfachen Zungenschlag ist allen Holzblasinstrumenten eigen; öfter wird solches Wiederholen durch einen doppelten Zungenschlag ausgeführt, was aber nur den Flöten möglich ist, weil das Instrument keine Rohrplatten im Mundstück hat.

b) Die Klarinette ist durch ihren besonderen Bau weniger geeignet, rasche Sprünge in Oktaven zu machen, welche dagegen sehr gut von den Flöten, Hoboen und Fagotten ausgeführt werden.

c) Die arpeggierten Akkorde und die aus zwei bewegten *legato*-Noten bestehenden klingen gut nur bei Flöten und Klarinetten, nicht aber bei Fagotten und Hoboen.

Da die Spieler atmen müssen, so ist das Aushalten sehr langer Noten auf Holzblasinstrumenten unmöglich; außerdem muß man sie nicht zu lange Zeit hintereinander spielen lassen, ohne ihnen eine kleine Ruhepause zu geben, was bei den Streichern nicht in Betracht kommt.

Anmerkungen zu der Tabelle B.

In der vorliegenden Tabelle ist jede höchste Note eines Registers zu gleicher Zeit als die niedrigste des folgenden angegeben, weil in Wirklichkeit die Register nicht abgesondert sind.

Damit die Grenzen der Register leichter zu behalten sind, habe ich sie bei den Flöten und Oboen bei der Note *G* vermerkt, und bei den Klarinetten und Fagotten bei *C*. Von den höchsten Registern sind nur die wirklich in Anwendung kommenden Stufen vermerkt: diejenigen, welche nicht mehr notiert sind, — sind entweder zu schwer zum Intonieren oder unbrauchbar vom künstlerischen Standpunkte aus. Die Zahl der möglichen Klänge in der höchsten Lage ist nicht fixiert und hängt einerseits von der Qualität der Instrumente selbst ab und dann auch von dem Ansatz der Spieler.

Die Zeichen ——◁ ▷—— bezeichnen hier nicht das *Crescendo* oder *Diminuendo*, sondern zeigen lediglich, daß die Stärke des Klanges eines Instruments wächst oder abnimmt, je nach den Registern, wobei die charakteristischen Klangfarben immer mitfolgen.

Der Bereich des ausdrucksvollen Spiels ist für jedes typische Instrument durch einen Strich unter dem Notenlinien-System bezeichnet. Dieser Bereich ist immer derselbe für jedes der typischen Instrumente.

Tabelle B.   Gruppe der Holzblasinstrumente.

Diese Instrumente haben alle chromatischen Stufen.

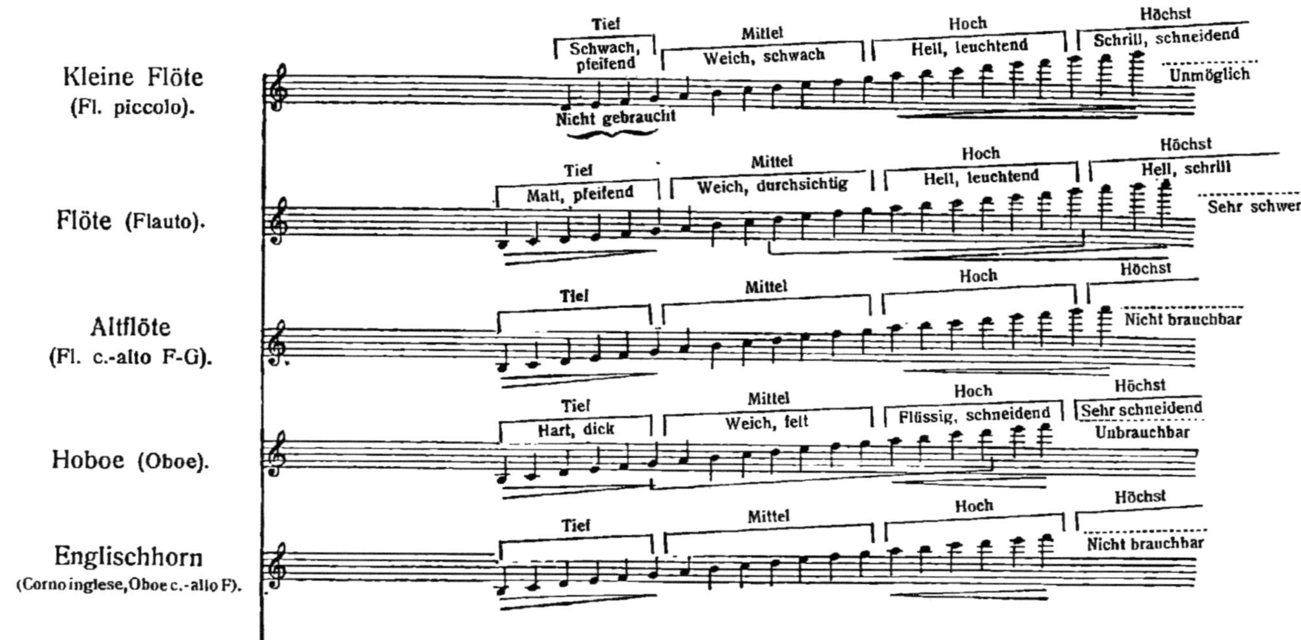

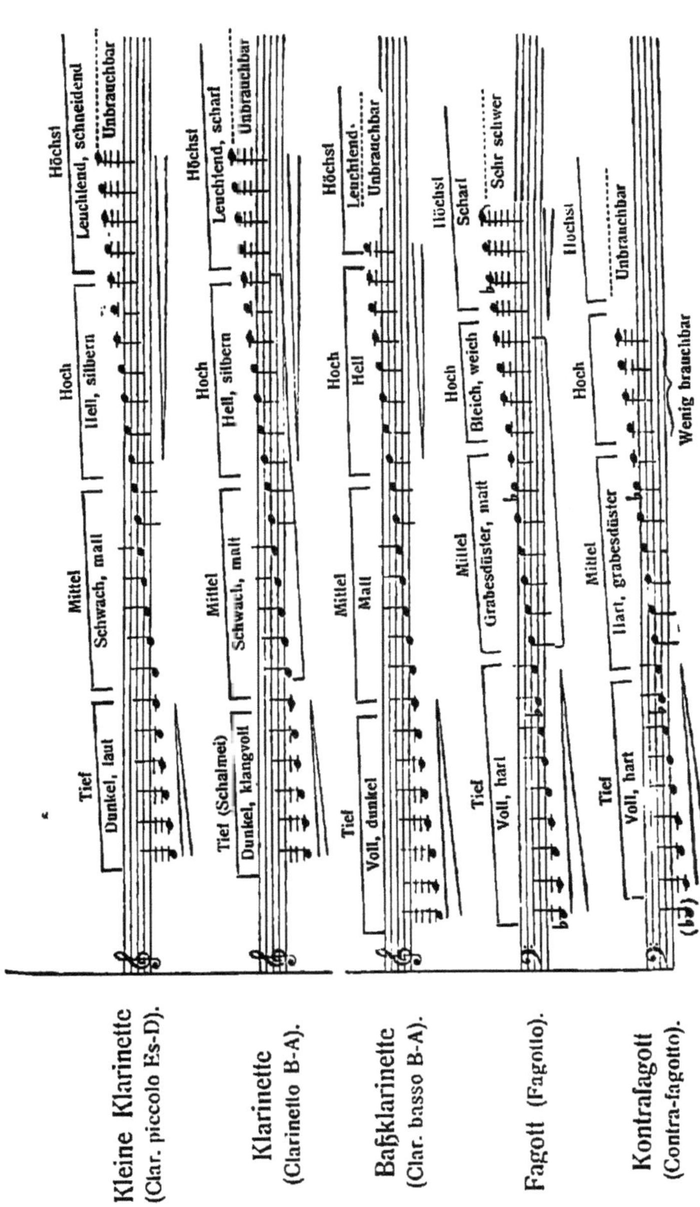

Kleine Klarinette (Clar. piccolo Es-D).

Klarinette (Clarinetto B-A).

Baßklarinette (Clar. basso B-A).

Fagott (Fagotto).

Kontrafagott (Contra-fagotto).

In der Absicht, die Klangfarben der vier typischen Familien der Holzblasinstrumente vom psychologischen Standpunkt zu charakterisieren,
habe ich keine Bedenken, die folgenden allgemeinen Bemerkungen
zu formulieren, welche annähernd zu den mittleren und hohen
Registern passen.

a) Flöte. — Kalte Klangfarbe, die besonders in Dur, für liebliche
und leichte Melodien anwendbar ist. In Moll paßt sie zum Ausdruck der Nuancen einer oberflächlichen und äußerlichen Traurigkeit.

b) Hoboe. — Klangfarbe naiv-lustig in Dur, schwermütig und
rührend in Moll.

c) Klarinette. — Klangfarbe geschmeidig und ausdrucksvoll.
In Dur für heitere und beschauliche Melodien sich eignend, oder
auch für ausbrechende Lustigkeit; in Moll — für beschauliche
und traurige oder dramatische und leidenschaftliche.

d) Fagott. — Klangfarbe greisenhaft und nasal in Dur, leidend
und traurig in Moll.

In den äußeren Registern, — dem tiefen und dem höchsten, —
ist die Klangfarbe für mein Empfinden durch folgende Vergleiche
zu charakterisieren:

	Tiefes Register:	*Höchstes Register:*
a) Flöte. —	Matt, kalt	Glänzend
b) Hoboe. —	Wild, hart	Trocken
c) Klarinette. —	Laut, drohend	Schneidend
d) Fagott. —	Unheilvoll	Überanstrengt.

Anmerkung. Es ist selbstverständlich, daß Gemütszustände, wie traurig oder
lustig, leicht oder tief, nachdenklich oder heiter, schelmisch oder kränklich
— nicht durch die isolierten Klangfarben hervorgebracht werden können. Sie
werden im allgemeinen von der Melodie, der Harmonie, dem Rhythmus, der
Bewegung, den dynamischen Nuancen abhängen, d. h. von der gesamten
Konstitution des Stückes. Die Wahl der Instrumente und der Klangfarben
wird auch davon abhängen, welchen Platz die Melodie und Harmonie auf der
sieben Oktaven langen allgemeinen Orchesterskala einnehmen werden. Z. B.
eine Melodie leichten Charakters, aber im Bereiche des Tenors, könnte nicht
den Flöten gegeben werden; ganz ebenso könnte eine Melodie leidenden und
traurigen Charakters im Bereiche des höchsten Soprans nicht den Fagotten
anvertraut werden. Man muß dabei nicht die Eigenschaft der Klangfarbe
außer acht lassen, die darin besteht, daß sie sich dem Ausdruck-Charakter
der Melodie anpassen kann, aber trotzdem (bei der ersten Annahme) ist die
oberflächliche Melancholie der Klangfarbe der Flöte nicht imstande, den Ausdruck des Leidens und der Traurigkeit, welche für die Melodie charakteristisch
sein sollen, wiederzugeben; im zweiten Fall würde der schelmische Charakter

des Fagotts sich schwerlich die Nuance der Lustigkeit ohne Hintergedanken aneignen. Die Fälle aber, wo der Charakter der Melodie mit der Klangfarbe des ausführenden Instruments identisch ist, sind ganz sicher und besonders wertvoll für die erforderliche Wirkung, welche sie auch stets hervorbringen. Es sind aber auch solche Fälle, wo das künstlerische Gefühl solche Klangfarben verlangt, welche im direkten Widerspruch mit dem Charakter der Melodie sind (z. B. bei komischen Effekten, bei Ironie, fantastischen und bizarren Stellen usw.).

Nachstehend einige Beobachtungen über den Charakter, Klangfarbe und die Funktionen der speziellen Gattungen dieser Instrumente:

Die Funktionen der kleinen Flöte und kleinen Klarinette bestehen hauptsächlich in der weiteren Fortsetzung zu den höchsten Noten der Klänge der normalen Instrumente, d. h. der Flöte und der Klarinette. Man findet auch dementsprechend in diesen Instrumenten den besonderen Charakter der normalen Instrumente in hohen Registern, aber etwas mehr ausgeprägt. So ist die schrille Klangfarbe der kleinen Flöte im höchsten Register außerordentlich an Kraft und Lebendigkeit, eignet sich aber gar nicht für mehr gemäßigte Nuancen. Das höchste Register der kleinen Klarinette ist mehr durchdringend als das der gewöhnlichen Klarinette. Das tiefe und mittlere Register dieser beiden Instrumente entsprechen denjenigen der gewöhnlichen Flöte und Klarinette, sind aber viel bleicher und bieten somit wenig Nützliches für den Instrumentator.

Das Kontrafagott verlängert nach der Tiefe die Skala des Fagotts. Die charakteristischen Merkmale des tiefen Registers des Fagotts finden sich noch mehr ausgeprägt beim Kontrafagott, aber das mittlere und hohe Register besitzen nicht mehr den Wert des Fagotts. Das tiefe Register des Kontrafagotts ist durch die Fülle seiner etwas schreckenerweckenden Klangfarbe bemerkenswert und sehr kräftig im *piano*.

Anmerkung. Heute, wo die Grenzen der orchestralen Skala sehr erweitert sind, erstens in der Höhe (*C* der 7. Oktave) und dann in der Tiefe (Kontra-*C* der 16-Fuß-Orgel), ist die kleine Flöte ein unentbehrliches Instrument der Gruppe der Holzbläser geworden. Später hat man auch anerkannt, daß das Kontrafagott eine sehr erwünschte Zugabe bedeutet. Was die kleine Klarinette anbelangt, so ist sie bloß als Instrument des Kolorits zu betrachten und auch in ziemlich seltenen Fällen.

Das Englischhorn oder Althoboe (Hoboe in *F*) ist in Anbetracht des Klanges der normalen Hoboe ähnlich und seine träge und träumerische Klangfarbe ist von großer, süßer Feinheit. Sein tiefes Register aber bleibt ziemlich schneidend. Die Baßklarinette, im allgemeinen der gewöhnlichen Klarinette sehr ähnlich, ist im tiefen Register dunkler und trüber und hat sogar im hohen Register nicht dieselbe silberne Farbe. Sie eignet sich gar nicht zum Ausdrucke von Freude und Lustigkeit. Die Altflöte ist noch heute ein sehr seltenes Instrument, dessen Charakter im allgemeinen derselbe wie bei der gewöhnlichen Flöte ist, dessen Klang aber noch kälter und kristallartig ist, speziell im mittleren und hohen Register. Die drei besonderen Instrumente haben außer der Möglichkeit, die Skala der normalen Instrumente in der Tiefe zu erweitern, noch die Aufgabe, spezielle Funktionen in bezug auf Farbe zu erfüllen und werden sehr oft im Solo offen verwendet.

Anmerkung. Von den hier erwähnten sechs speziellen Instrumenten waren zuerst die kleine Flöte und das Kontrafagott angewandt. Das letzte ist jedoch lange Zeit während der Nach-Beethovenschen-Periode vernachlässigt gewesen, um erst wieder am Ende des XIX. Jahrhunderts von neuem zu erscheinen. Das Englischhorn und die Baßklarinette, die zu Anfang desselben Jahrhunderts zum Vorschein kamen (in den Werken von Berlioz, Meyerbeer und anderen), behielten lange die Eigenschaft von Zusatz-Instrumenten, mit der Zeit aber wurden sie zu ständigen Bestandteilen zuerst der Theater- und dann der Konzert-Orchester. Es wurden nur wenige Versuche gemacht, die kleine Klarinette in die Orchester hineinzubringen (Berlioz u. a.). Dieses Instrument ist, — ebenso wie die Altflöte, — in meiner Ballett-Oper *Mlada* (1892) verwendet, wie auch in meinen neueren Werken *Weihnachtsnacht* und *Sadko*. Die Altflöte wird man in der *Legende von der unsichtbaren Stadt Kitesh* und in der veränderten Version der *Pskovitianka* finden.

In der letzten Zeit hat man angefangen, bei den Holzblasinstrumenten die Sordine anzuwenden, die aus einem aus weichem Stoff verfertigten Pfropfen besteht und in den Schalltrichter des Instruments hineingesteckt wird. Diese Sordinen dämpfen den Klang der Hoboen, Englischhörner und Fagotte und erlauben ihnen die höchste Grenze des *piano* zu erreichen, was sonst nicht möglich wäre. Bei den Klarinetten erübrigen sich die Sordinen, weil diese Instrumente von selbst *pianissimo* spielen können. Man hat noch keine Sordine für die Flöten erfunden, was aber sehr wünschenswert erscheint, besonders für die kleine Flöte. Die Sordine macht es bei diesen Instrumenten unmöglich, den tiefsten Ton zu intonieren, bei Fagotten den Ton

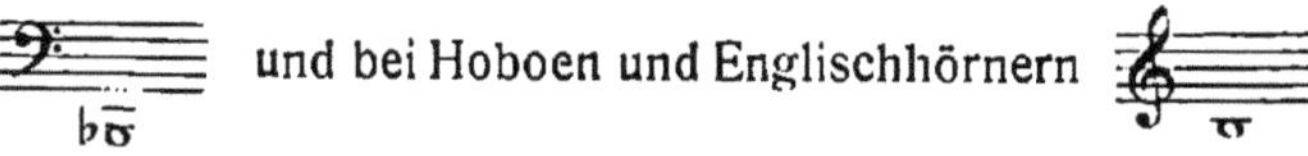 und bei Hoboen und Englischhörnern

Die Sordinen haben bei dem höchsten Register gar keinen Einfluß.

Blechinstrumente.

Die Zusammensetzung der Blechinstrumentengruppe, ganz wie bei den Holzblasinstrumenten, ist nicht einheitlich und kann sich verändern gemäß den Anforderungen der Partitur. Man kann drei typische Formen erkennen, die den drei Arten der Zusammensetzung der Holzbläser (à zwei, drei und vier) entsprechen.

Folgendes Schema stellt sie dar:

Entsprechend den Holzbläsern à zwei:	Entsprechend den Holzbläsern à drei	Entsprechend den Holzbläsern à vier
2 Trompeten I. II.	3 Trompeten I. II. III. (III -Trompete, Alttrompete)	(II—Trompete-Piccola) 3 Trompeten I. II. III. (III—Alttrompete oder Baßtrompete)
	oder: ⌈2 Kornette I. II. ⌊2 Trompeten I. II.	
4 Hörner I. II. III. IV.	4 Hörner I. II. III. IV.	6 oder 8 Hörner I.—VIII.
3 Posaunen	3 Posaunen I. II. III.	3 Posaunen I. II. III.
1 Tuba	1 Tuba [1])	1 Tuba

Die Bezeichnungen sind ebenso zu verstehen wie bei den Holzbläsern. In allen diesen drei Fällen kann die Zusammenstellung selbstredend nach dem Wunsche des Komponisten sich verändern. In der Theater- und Konzertmusik sind manche Seiten ohne Tuba, Posaunen und Trompeten geschrieben; oder irgendein Instrument erscheint nur zeitweise, als Zusatz. In diesem Schema habe ich versucht, die meist typischen Zusammensetzungen zu bezeichnen, die auch heutzutage am häufigsten gebraucht werden.

Anmerkung I. Man muß in Erinnerung bringen, daß außer den hier vermerkten Instrumenten Rich. Wagner in seiner *Tetralogie* noch einige andere verwendet, und zwar: ein Quartett von (kleinen) Tenor- und Baßtubas und eine Kontrabaß-Posaune. Diese Hinzufügungen drücken einerseits ziemlich stark auf die anderen Gruppen und bringen andererseits eine allgemeine Neutralität des Klanges der Blechinstrumente selbst mit sich. Aus diesem Grunde ist es ohne Zweifel, daß die neueren Komponisten diese Art nicht anwenden; und Wagner selbst enthielt sich hiervon im *Parsifal*. In unserer Zeit schreiben einige Komponisten (Richard Strauß, Scriabine) bis zu fünf Trompeten-Stimmen.

[1]) In der letzten Zeit verwendet man manchmal zwei Tubas, wie Glasunoff es in seiner *Finnischen Fantasie* notiert.   (Anm. des Red.)

Anmerkung II. Von der Mitte des XIX. Jahrhunderts an, sind die Natur Blechinstrumente aus den Orchestern vollständig verschwunden und an ihre Stelle sind die chromatischen gekommen. Doch habe ich in der *Mai-Nacht,* (der Reihe nach die zweite meiner Opern) Naturtrompeten und Naturhörner verwendet, indem ich die Tonalitäten veränderte und außer den guten gestopften Tönen auch richtige Naturtöne benutzte. Das habe ich lediglich zum Zwecke der praktischen Übung gemacht.

Die Gruppe der Blechinstrumente hat viel weniger Beweglichkeit als die der Holzinstrumente, hebt aber die anderen Gruppen durch die Kraft ihres Klanges. Wenn man die Klangstärke jedes der Repräsentanten dieser Gruppe betrachtet, so kann man in der Praxis als gleichbedeutend die Trompete, die Posaune und die Kontrabaßtuba ansehen. Die Kornetts à Pistons haben nicht ganz dieselbe Kraft; der Klang der Hörner im *forte* ist halb so stark, aber im *piano*, wenn die anderen ebenso spielen, wird er den anderen fast ebenbürtig sein. Um dieses Gleichgewicht zu erzielen, muß man den Hörnern dynamische Nuancen eines höheren Grades geben: z. B. wenn die Trompeten und Posaunen *pp* spielen, müssen die Hörner *p* blasen. Um aber im *forte* das Gleichgewicht zu verwirklichen, muß man für jede Trompete oder Posaune zwei Hörner rechnen.

Jedes von den Blechinstrumenten ist ziemlich gleichmäßig in der Klangfarbe seine ganze Skala hindurch, so daß es überflüssig wäre, eine Teilung in verschiedene Lagen oder Register vorzunehmen. Im allgemeinen gesprochen, ist bei allen diesen Instrumenten dasselbe zu vermerken: die Klangfarbe wird heller und die Kraft des Klanges stärker, je höher die Töne sind; dagegen — je tiefer die Töne, desto dunkler ist der Klang und die Stärke nimmt etwas ab. Der Klang ist weich im *pianissimo*, herb und prasselnd im *fortissimo*. Sie besitzen eine bemerkenswerte Fähigkeit, den Ton vom *pianissimo* zum *fortissimo* anschwellen zu lassen und auch umgekehrt, und das *sf > p* ist bei ihnen wunderbar.

Man kann noch folgende Bemerkungen über die verschiedenen Vertreter dieser Gruppe, ihren Charakter und Klangfarbe beifügen:

a) 1. Trompeten (*Tromba in B—A*). Klarer, etwas schneidender Klang, herausfordernd im *forte*. Im *piano* sind die hohen Töne voll, silbern, die tiefen — schwermütig, den Eindruck des Schicksals erweckend.

2. Alttrompete (*Tromba c-alta in F*). Von mir erfundenes Instrument und zum ersten Male in meiner Ballett-Oper *Mlada* angewandt. Seine Aufgabe ist, die tiefen Töne (vom zweiten zum dritten der Skala der Naturtrompete) verhältnismäßig voller, klarer und schöner hervorzubringen. Eine Gruppe von drei Trompeten, zwei gewöhnlichen und einer Alttrompete, erzeugt einen gleichmäßigeren Klang als drei gewöhnliche Trompeten. Überzeugt von der Schönheit und Nützlichkeit der Alttrompete, habe ich sie auch in vielen meiner späteren Opern verwendet im Zusammenhang mit den Holzbläsern à drei.

Anmerkung. Um den Schwierigkeiten vorzubeugen, die bei Aufführungen in gewöhnlichen Theatern und bei ev. Konzertaufführungen entstehen könnten, habe ich es unterlassen, die vier tiefsten Töne dieses Instruments als chromatische Stufen anzuwenden; darum ist die Ausführung der Partie der Alttrompete auch auf einer gewöhnlichen *B*- oder *A*-Trompete möglich.

3. Kleine Trompete (*tromba piccolla in Es—D*). Sie ist von mir erfunden und zuerst in *Mlada* verwendet, um die Töne der höchsten Lage der Trompete ohne Schwierigkeit auszuführen. Das Instrument ist in Tonart und Skala dem kleinen Kornett der Militärorchester gleich.

Anmerkung. Die kleine Trompete, welche eine Oktave höher als die gewöhnliche Trompete klingt (*Tromba piccola in B—A*), ist in den Werken der Musikalischen Kunst bis jetzt noch nicht erschienen.

b) Kornett à pistons (*Cornetto in B—A*). Die Klangfarbe nähert sich derjenigen der Trompete, ist aber etwas schwächer und weicher. Es ist ein schönes Instrument, das in unseren Tagen verhältnismäßig wenig angewandt wird, in den Konzert-, sowie auch in den Theaterorchestern. Die gewandten Spieler verstehen auf der Trompete den Klang des Kornetts nachzuahmen und auch umgekehrt dem Kornett den Charakter der Trompete zu geben.

c) Horn (*Corno in F*). Ziemlich düster in der tiefen Lage, hell, rund und voll in der hohen. Die Klangfarbe ist voller Poesie, Schönheit und Zartheit. Die mittleren Töne gleichen denjenigen des Fagotts, mit denen sie sich verschmelzen. Das Instrument kann deshalb als Übergang von den Holz- zu den Blechinstrumenten gelten.

Im allgemeinen, trotz des Mechanismus der Ventile, ist es wenig beweglich, und die Art, wie die Töne hervorgebracht werden, könnte man mit Nachlässigkeit oder Faulheit vergleichen.

d) Posaune (*Trombone*). Klangfarbe — dunkel, drohend in der Tiefe, hell und triumphierend in der Höhe. Das *piano* ist voll, nicht ohne Schwere, das *forte* klangvoll und mächtig. Die Ventilposaunen sind beweglicher als die Zugposaunen, jedoch sind diese wegen der Ausgeglichenheit und des edlen Tones jenen vorzuziehen, besonders schon deshalb, weil die Posaunen durch den Charakter ihres Klanges nicht dazu bestimmt sind, bewegte Passagen auszuführen.

e) Baßtuba oder Kontrabaßtuba (*Tuba c-bassa*). Dicker und harter Klang, der viel weniger charakteristisch als der der Posaunen ist, aber das Instrument ist kostbar wegen der Kraft und Schönheit der tiefen Töne. Wie der Kontrabaß und das Kontrafagott ist dieses Instrument besonders nützlich, um die Baßtöne seiner Gruppe in der Oktave tiefer zu verdoppeln und, da es auch mit Ventilen versehen ist, hat es eine genügende Beweglichkeit.

Die Gruppe der Blechinstrumente, die als Klang eine ausgeglichene Einheit ihrer verschiedenen Bestandteile darbietet, ist dagegen nicht so wie die der Holzblasinstrumente, zum ausdrucksvollen Spiel geeignet, im genauen Sinne des Worts. Trotzdem kann man auch bei dieser Gruppe eine gewisse Region des ausdrucksvollen Spiels erkennen, und zwar in der mittleren Lage. Wie die kleine Flöte und das Kontrafagott besitzen auch die kleine Trompete und Kontrabaßtuba nicht die Fähigkeit des ausdrucksvollen Spiels. Die rasche Wiederholung eines Tones (rasche rhythmische Figuration) durch Zungenschlag (einfachen) ist auf allen Blechinstrumenten möglich. Der doppelte Zungenschlag ist nur auf Instrumenten mit kleinem Mundstück möglich, — Trompeten und Kornetts, — auf welchen diese Wiederholungen die Geschwindigkeit eines *Tremolando* erreichen können.

Die Bemerkungen über das Atmen, welche bei den Holzblasinstrumenten angegeben waren, gelten auch bei den Blechinstrumenten.

Tabelle C. Gruppe der Blechinstrumente.

Diese Instrumente haben alle chromatischen Stufen.

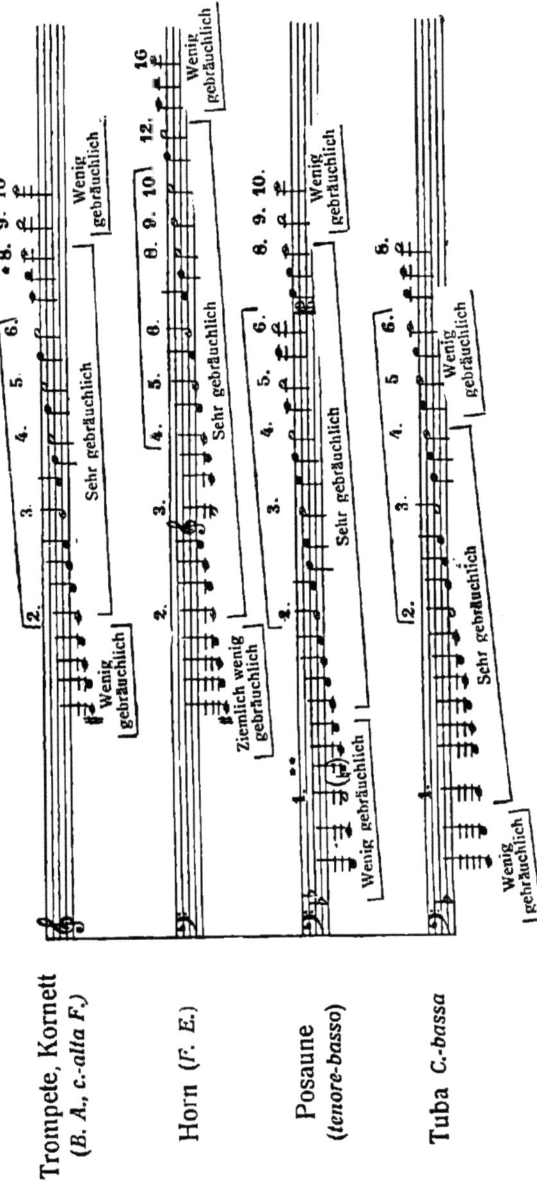

Trompete, Kornett (B. A., c.-alta F.)

Horn (F. E.)

Posaune (tenore-basso)

Tuba C.-bassa

Die Naturtöne sind mit weißen Noten bezeichnet. Die oberen Linien zeigen den Bereich des ausdrucksvollen Spiels.

* Der 7. harmonische Naturton ist überall weggelassen, als unbrauchbar; ebenso für die Hörner die Töne 11, 13, 14 und 15.

** Das H der 1. Oktave existiert nicht bei den Posaunen.

Veränderungen im Charakter des Klangs der Blechinstrumente entstehen durch gestopfte Töne und Sordinen (Dämpfer). Die ersten sind nur bei Trompeten, Hörnern und Kornetts möglich, weil die Form der Posaunen und Tuben das Erreichen des Schalltrichters mit der Hand nicht zuläßt. Die Sordine kann ohne Unterschied bei allen Instrumenten angewandt werden, doch ist es selten, daß die Baßtuben Sordinen besitzen. Die Klangfarbe der gestopften Töne und der durch die Sordinen hervorgebrachten bleiben einander ähnlich.

Auf der Trompete sind die Sordinen-Töne besser als die gestopften; für das Horn bleiben beide Arten gleich: man verwendet die gestopften Töne für isolierte Noten oder kurze Sätze und die Sordinen für lange. Ich will nicht versuchen, in Worten gewisse Unterschiede zwischen den gestopften und den Sordinen-Tönen zu beschreiben, und überlasse es dem Leser, sich selber ein Urteil, auf eigenen Erfahrungen gegründet, zu erwerben über die Wichtigkeit dieser Unterschiede. Ich werde nur eines sagen, daß nämlich der Klang, ob so oder anders erzeugt, im *forte* einen wilden und prasselnden Charakter annimmt und im *piano* weich und matt bleibt.

Da der Klang sehr schwach ist, verliert er die Helligkeit des Silbers und nähert sich der Farbe der Hoboe und des Englischhorns. Die gestopften Töne werden durch das Zeichen + markiert, das über der Note steht; dieses Zeichen ist manchmal von einem ○ begleitet. Letzteres bedeutet, daß hier wieder offene Töne beginnen. Das Nehmen und Fortlassen der Sordine wird bezeichnet: *con sordino* und *senza sordino*. Die Töne der Blechinstrumente mit Sordinen erwecken den Eindruck der Entfernung.

C. Instrumente mit kurzer Klangdauer.

Gezupfte Saiten.

Wenn das Quintett des Orchesters in der gewöhnlichen Zusammensetzung (Viol. I, Viol. II, V-le, V-celli, C-bassi) nicht mit dem Bogen, sondern mit den Fingern die Saiten zupfend spielt, kann ich es nur als eine neue, unabhängige Gruppe betrachten, die ihren eigenen besonderen Klang hat, und die mit der Harfe, — bei welcher die Saiten auf dieselbe Weise berührt werden, — eine

Gruppe bildet, die ich als Gruppe der gezupften Saiten benennen
möchte.

Anmerkung. Zu dieser Gruppe gehören noch die Gitarren, Zithern, Bala-
laika-Instrumente, die mit dem Plektron *(Mediator)* gespielt werden, wie die
Domra[1]), Mandoline usw., die alle gelegentlich im Orchester erscheinen können,
aber nicht in den Rahmen dieses Buches gehören.

Pizzicato.

Obgleich an allen dynamischen Nuancen reich, — vom *ff* bis *pp*
— ist das *Pizzicato* wenig ausdrucksfähig. Es ist hauptsächlich
ein Element der Farbe. Klangvoll und etwas (auf den offenen
Saiten) ziehend, wird es auf den mit Fingern angedrückten Saiten
kürzer und dumpfer. In den hohen Lagen wird es trocken.

Auf der Tabelle D ist die ganze Skala der *pizzicati* verzeichnet,
welche bei jedem der Instrumente anwendbar ist.

Das *pizzicato* wird im Orchester in zwei verschiedenen Arten
verwendet: a) in einzelnen Noten und b) in Akkorden von zwei,
drei und vier Saiten. Die Finger der rechten Hand, welche das
pizzicato ausführen, haben nicht annähernd die Geschwindigkeit
des Bogens, deswegen können die Passagen im *pizzicato* nicht so
rasch sein wie die, welche mit dem Bogen ausgeführt werden.
Außerdem ist die Geschwindigkeit beim *pizzicato* von der Dicke
der Saiten abhängig. Auf den Kontrabässen wird sie nur in solchen
Noten ausführbar sein, die viel langsamer sind als die der Violinen.

Für das *pizzicato* auf vielen Saiten wird man am besten solche
Disposition suchen, welche die Anwendung der nicht besponnenen
Saiten ermöglicht, weil ihr Klang heller ist. Die Akkorde auf
vier Saiten ermöglichen einen mehr offenen und starken Anschlag,
weil man dabei nicht zu befürchten braucht, eine überflüssige Note
mitzugreifen. Das *pizzicato* in Natur-Flageolett-Tönen hat sehr viel
Charme, ist aber sehr schwach (besonders schön ist es bei den Cellis).

Die Harfe.

Im Orchester ist die Harfe *(arpa)* fast ausschließlich ein harmonisches oder Begleitinstrument. Die meisten Partituren haben
nur eine einzige Harfenstimme. In der letzten Zeit kommen immer

---

[1]) Ein russisches Instrument, der Stimmung nach der Balalaika, in der Form
aber mehr der Mandoline ähnlich.

öfter Partituren mit zwei, zuweilen auch drei Harfen vor, deren Stimmen sich gelegentlich vereinigen.

Anmerkung. Die vollständigen und reichen Orchester haben drei und sogar vier Harfen. Die Partituren meiner Opern *Sadko, Kitesh* und *Goldener Hahn* sind mit zwei Harfenstimmen, die Ballett-Oper *Mlada* mit drei geschrieben.

Die Harfe hat speziell die Aufgabe, Akkorde und von ihnen stammende Figurationen auszuführen. Da man mit jeder Hand höchstens vier Noten greifen kann, so ist es wichtig, daß die Akkorde eng geschrieben sind und daß zwischen beiden Händen der Raum nicht zu groß wird. Diese Akkorde werden immer ge-brochen (*arpeggiato*) gespielt: wenn der Komponist sie aber anders gespielt haben will, so muß er *non arpeggiato* schreiben. In den tieferen und mittleren Oktaven erlöscht der Klang der Saiten nicht sofort, sondern nach und nach. Wenn die Harmonie sich verändert, so verhindert der Spieler das Weiterklingen, indem er auf die Saiten die Hand auflegt. Falls aber diese Veränderungen rasch sind, so kann dieses Mittel nicht angewandt werden, denn durch das Weiter-klingen und Sich-Vermischen der hintereinander folgenden Har-monien kann eine unangenehme Kakophonie entstehen. Deswegen ist eine klare und genaue Ausführung einigermaßen rascher melodischer Zeichnungen nur in der hohen Lage möglich, da hier die Saiten kürzer und trockener klingen.

Von der ganzen Skala des Instruments:

braucht man gewöhnlich die Noten von der ersten bis zur vierten Oktave, diejenigen der höchsten und niedrigsten Lagen aber nur in speziellen Fällen oder als Verdoppelung in Oktaven.

Die Harfe ist hauptsächlich ein diatonisches Instrument, weil jede chromatische Bewegung bei ihr von dem Gebrauch der Pedale ab-hängt. Deswegen ist sie zu raschen Modulationen wenig geeignet, was der Orchestrator nicht aus dem Auge lassen soll. Diese Schwierigkeit umgeht man aber damit, daß man zwei Harfen an-wendet, die abwechselnd spielen[1]).

[1]) Heutzutage werden auch chromatische Harfen gebaut, die ohne Pedale sind und rasche Übergänge gestatten, aber sie haben wieder andere Nachteile.

Anmerkung. Ich mache den Leser darauf aufmerksam, daß die Harfe keine doppelten Kreuze oder *Be's* hat. Deswegen sind manche nahen Modulationen nur enharmonisch ausführbar. So ist der Übergang aus den Tonarten *Ces*-dur, *Ges*-dur, *Des*-dur zu den Akkorden oder Tönen ihrer Sub-Dominanten unausführbar wegen der Doppel-Be's. Darum wird es hier notwendig, von den enharmonisch ähnlichen Tonarten *H*, *Fis* und *Cis* auszugehen. Ebenso wird man der doppelten Kreuze halber nicht von den Tonarten *Ais*-moll, *Dis*-moll und *Gis*-moll zu deren Dur-Dominanten ausgehen können: man wird von *B*-moll, *Es*-moll und *As*-moll ausgehen müssen.

Ein technisches Verfahren, das der Harfe besonders gut liegt, ist das *glissando.* Vorausgesetzt, daß der Leser im Bilde ist, wie man durch die Pedale die Stimmung des Instruments verändert, und daß er nicht mehr nötig hat, die zweierlei diatonischen Tonleitern der verschiedenen Tonalitäten zu studieren, beschränke ich mich nur auf die Feststellung, daß die Tonleitern im *glissando* durch den anhaltenden Klang der Saiten eine kakophonische Konfusion von Tönen ergeben. Deswegen kann man sie als rein musikalischen Effekt nur in den höchsten Oktaven der Harfe und nur ganz *piano* verwenden, damit der Klang der Saiten nicht fortdauert und genügend genau bleibt. Die *glissando*-Tonleitern im *forte* sind nur als dekorativer Effekt möglich, wenn die mittleren und tiefen Saiten gespielt werden.

Das *glissando* in Septimen- und Nonenakkorden, welche enharmonisch erreicht werden können, ist mehr gebräuchlich. Dieses Verfahren, das nicht mehr dieselbe Vorsicht und Bedacht erfordert, gestattet alle dynamischen Nuancen.

Von allen Flageolett-Tönen gebraucht man auf der Harfe nur die in Oktaven, welche jedoch nicht ohne Schwierigkeit eine rasche Nacheinanderfolge gestatten. Die Akkorde von Flageolett-Tönen können nur von drei Noten in enger Lage sein, wobei zwei für die linke und eine einzige für die rechte Hand kommen.

Die weiche und poetische Klangfarbe der Harfe ist in allen dynamischen Nuancen sehr vorteilhaft, aber niemals sehr kräftig; deswegen muß der Orchestrator sich ihrer mit Vorsicht bedienen. Um gegen einen gewissen Grad des *forte* des ganzen Orchesters anzukämpfen, muß man mindestens drei oder vier Harfen haben, die *unisono* spielen.

Das *glissando* klingt desto stärker, je rascher es ausgeführt wird. Die Flageolett-Töne, — süß und bezaubernd, — haben einen sehr schwachen Klang und sind nur im *piano* anwendbar.

Im allgemeinen gesprochen sind die Klänge der Harfe, wie auch der *pizzicati* des Quintetts, mehr als Elemente der Färbung als des Ausdruckes anzusprechen.

Schlaginstrumente mit bestimmter Tonhöhe. Instrumente mit Klaviatur.

Pauken.

Von allen Instrumenten der Schlaginstrumentengruppe nimmt die Pauke als unentbehrliches Element von jedem Konzert- oder Theater-Orchester den ersten Platz ein. Zwei Pauken (*Timpani*), welche den Grundton und die Dominante der Haupttonalität des Werkes angaben, waren als obligatorischer Teil des Orchesterensembles bis einschließlich zu der Zeit von Beethoven vorhanden. Von der Mitte des XIX. Jahrhunderts hat sich die immer öftere Notwendigkeit gezeigt, — wie im westlichen Europa, so auch bei den Russen, — drei und sogar vier Paukentöne im Laufe eines Werkes oder einer Sektion davon zu gebrauchen. Wenn heute die sehr teueren Pedalpauken, welche einen sofortigen Tonwechsel gestatten, sich selten vorfinden, so trifft man doch bei den meisten guten Orchestern drei Pauken mit Schrauben an. Der Orchestrator kann auch damit rechnen, daß ein tüchtiger Spieler, welcher drei Pauken hat, während der Pausen von einer gewissen Dauer, immer eine Möglichkeit finden wird, wenigstens die eine von den drei Pauken umzustimmen.

Die Grenzen der möglichen Veränderungen für die zwei Pauken der Beethoven-Periode waren so kalkuliert:

Es ist schwer heutzutage, eine Höhengrenze der Pauken anzugeben, weil diese Grenze vollständig von der Größe und Qualität der kleinsten Pauken abhängt und weil es verschiedene Größen gibt. Ich empfehle dem Orchestrator folgende Grenzen:

Anmerkung. Für meine Ballett-Oper Mlada wurde eine Pauke von sehr kleinen Dimensionen angefertigt, die das *Des* der vierten Oktave intonierte.

Die Pauken können alle dynamischen Nuancen hervorbringen, vom stärksten, donnerartigen *fortissimo* bis zum kaum hörbaren *pianissimo*. Im *tremolando* geben sie alle möglichen Abstufungen von *crescendo, diminuendo, sfp* und *morendo*.

Um den Ton der Pauken zu dämpfen, legt man gewöhnlich ein Stück Stoff auf das Fell, was mit *Timpani coperti* (gedämpfte Pauken) bezeichnet wird.

Klavier und Celesta.

Die Anwendung des Klaviers im Orchester (abgesehen von den Konzerten für Klavier mit Orchester) kann man fast ausschließlich nur bei den Werken der russischen Schule beobachten. Das Ziel ist ein doppeltes: entweder ist der Klang des Klaviers allein oder vereinigt mit der Harfe in der Absicht verwendet, um den Klang eines nationalen Volksinstruments, — Gußli, — darzustellen, wie es Glinka gezeigt hat, oder es ist in der Absicht gebraucht, Glocken und Glöckchen von sehr zartem Klang zu imitieren. Wenn das Klavier in den Funktionen des Orchesters mitwirken soll, statt ein Solo-instrument zu sein, so ist es vorzuziehen, ein Piano und nicht einen Flügel zu verwenden. Heute, und speziell für Funktionen zweiten Ranges beginnt das Piano seinen Platz einem Klaviatur-instrument: Celesta oder Piano-Mustel genannt abzutreten. Dieses hat als erster Tschaikowsky angewendet. Der Klang der Metall-platten, die hier die Saiten des Pianos ersetzen, ist sehr schön. Das Instrument hat einen Klang, der den Glöckchen mit sehr zartem Ton ähnlich ist. Man findet es nur in sehr reich aus-gestatteten Orchestern. Da, wo es fehlt, muß man es mit einem Piano, nicht aber mit dem Glockenspiel ersetzen.

Glockenspiel, Glocken, Xylophon.

Das Glockenspiel oder Metallplatten *(Campanelli)* kann ein gewöhnliches oder ein mit Klaviatur versehenes sein. Wahrscheinlich aus Mangel an notwendiger Vervollkommnung ist die zweite Art im allgemeinen klanglich schlechter als die erste. Man verwendet dieses Glockenspiel ungefähr so wie die Celesta, aber sein Klang ist sicher viel hervortretender, stärker, schneidender.

Die großen Glocken, welche in Form von hängenden Metall-scheiben oder Röhren fabriziert werden[1]), manchmal auch richtige Kirchenglocken kleinerer Dimensionen gehören mehr zu den Requisiten der Operntheater als zu den Orchestern.

Holzplatten, die man durch Aufschlagen mit kleinen Hämmern zum Erklingen bringt — werden Xylophon benannt. Der Klang ist eine Art Klappern oder Prasseln, ziemlich kräftig und durchdringend.

Um die Aufzählung dieser Kategorie von Klängen zu ergänzen, muß man sich noch einer Möglichkeit erinnern, nämlich des Spiels mit der Rückseite des Bogens der Streichinstrumente (*col legno*). Der trockene Klang des *col legno* erinnert an das Xylophon und an ein sehr schwaches *pizzicato*, dem sich ein gewisses Klappern beimengt. Es klingt desto besser, je größer die Zahl der Spieler ist.

Schlaginstrumente mit unbestimmter Tonhöhe.

Die Instrumente dieser Gruppe: 1. Der Triangel (*Triangolo*), 2. die Castagnetten (*Castagnetti*), 3. die Schellen (*Sonagli*), 4. die baskische Trommel oder das Tamburin (*Tamburino*), 5. die Ruten (Besen) (*Verghe*), 6. die kleine Trommel (*Tamburo*), 7. die Becken (*Piatti*), 8. die große Trommel (*Cassa*) und 9. das Tamtam, welche weder zur Harmonie noch zur Melodie fähig sind und nur rhythmische Funktionen haben, müssen als rein ornamentale bezeichnet werden. Sie haben auch keine wesentliche musikalische Bedeutung, und ich erwähne sie in diesem Buche nur nebenbei. Ich werde nur noch die Bemerkung hinzufügen, daß aus der Zahl der obenangeführten die ersten drei zu den hohen, die vier nächsten zu den mittleren und die zwei letzten zu den tiefen gerechnet werden können: dieses erwähne ich, um die Art dessen zu bewerten, wie sie sich mit den Instrumenten bestimmter Tonhöhe verbinden können, welche auf den entsprechenden Höhen der orchestralen Skala spielen.

---

[1]) In letzterer Zeit wurden Metallplatten dazu verwendet, welche (was sonst nicht der Fall ist) sehr reine Töne erzeugten und die so bequem tragbar sind, daß sie auch in Konzerten gebraucht werden können. (Anm. d. Red.)

Tabelle D.

Pizzicato.

Die schwarzen Noten bezeichnen trockene Töne, ohne Klang, die man nicht ohne Verdoppelung durch Holzbläser verwenden kann.

*Tabelle E.

Glockenspiel, Celesta, Xylophon.

*) Diese Note fehlt oft.

Vergleich der Klangstärken der Orchestergruppen und Kombinationen der Klangfarben.

Vergleicht man die Kraft des Klanges, die die verschiedenen Gruppen der Instrumente besitzen, welche den Ton ausdehnen können, so kommt man zu den folgenden Resultaten, die jedoch bloß annähernd sind:

In der Blechbläsergruppe, welche die stärkste ist, sind die kräftigsten Instrumente die Trompeten, die Posaunen und die Tuba. Im *forte* sind die Hörner halb so stark: eine Trompete = eine Posaune = eine Tuba = 2 Hörner. Die Holzblasinstrumente sind im *forte* halb so stark wie das Horn: 1 Horn = 2 Klarinetten = 2 Hoboen = 2 Flöten = 2 Fagotte.

Im *piano* aber bleiben alle Blasinstrumente, Holz oder Blech, sich gleich. Der Vergleich der Stärke zwischen den Bläsern und den Streichern ist schwieriger, da hier alles davon abhängt, wie groß die Besetzung der verschiedenen Instrumente bei den Streichern ist. Wenn man von einer mittleren Besetzung der Streicher ausgeht, so kann man sagen, daß im *piano* eine Partie Streicher (alle ersten Violinen, oder alle zweiten usw.) einem Holzblasinstrumente ebenbürtig ist. (I. Violine = 1 Flöte usw.). Im *forte* wird dieselbe Partie durch zwei Holzbläser ausgeglichen — gleich ob es nun zwei Flöten sind oder eine Klarinette und eine Hoboe usw. (I. Violine = 2 Flöten = 2 Hoboen = 1 Hoboe + 1 Klarinette usw.).

Noch schwieriger ist ein Vergleich mit den Instrumenten von kurzer Klangdauer, weil hier der Unterschied in der Erzeugung und im Hervorbringen des Klanges zu groß ist. Die vereinigte Kraft der Gruppen, welche einen sich hinziehenden Klang erzeugen, erstickt sehr leicht den Klang gezupfter Saiten, des schwach gespielten Klaviers, der Celesta und der Streicher im Spiel *col legno*. Was das Glockenspiel, die Glocken und das Xylophon anbelangt, so dominiert ihr Klang ohne Mühe über die vereinigte Stärke der anderen Gruppen. Dasselbe kann man von dem lauten, geräuschvollen, krachenden und prasselnden Klang der Pauken und der übrigen ornamentalen Instrumente sagen.

Die Einwirkung der Klangfarben einer Gruppe auf die anderer wird dann fühlbar, wenn Verdoppelungen zwischen den Gruppen stattfinden, wie im folgenden: die Klangfarben der Holzbläser vereinigen sich ganz eng mit denen der Streicher einerseits und mit dem Blech andererseits. Indem sie alle beide verstärken, verdicken sie den Klang der Streicher und machen den der Blechgruppe sanfter, weicher. Der Klang der Streicher verschmilzt weniger gut mit dem Blech: wenn sie sich gegenüberstehen, hört man jedes deutlich für sich. Die Verbindung im *unisono* von allen dreien ergibt einen fetten, weichen und einheitlichen Klang.

Das *unisono* aller Holzbläser oder mindestens mehrerer ist imstande, eine beigefügte Partie der Streicher zu absorbieren, wie z. B.:

2 Fl. + 2 Hob. + Viol. I,

oder: 2 Hob. + 2 Klar. + Bratschen,

oder: 2 Klar. + 2 Fag. + V-celli.

Die Klangfarbe eines Streichinstrumentes, im *unisono* den Holzbläsern beigefügt, erzeugt bloß gutes Verschmelzen und Weichheit, ohne jedoch die dominierende, besondere Klangfarbe der Holzbläser aufzuheben. Und umgekehrt: das Beifügen eines Holzblasinstruments im *unisono* zu allen Streicherpartien oder zu mehreren davon erzeugt bloß eine Verdickung des Klanges, ohne daß die Klangfarbe der Streicher beeinfußt wäre:

I. Viol. + II. Viol. + 1 Hob.,

oder: Bratsch. + V-celli + 1 Klar.

oder: V-celli + C-bassi + 1 Fag.

Die Vereinigung von Streichern mit Sordine mit den Holzbläsern ist weniger günstig, weil die beiden Klangfarben jede für sich bleiben. Was die Verbindung von gezupften Saiten und der Schlaginstrumente mit den Gruppen von Instrumenten mit anhaltendem Klang betrifft, so ist das Resultat der gegenseitigen Wirkungen folgendes: die Blasinstrumente, Holz oder Blech, verstärken und machen klarer den Klang der *pizzicati*, der Harfe, der Pauken und im allgemeinen aller Schlaginstrumente, und diese geben wiederum dem Klange der Holzblasinstrumente etwas Pikantes und Ausgeprägtes. Die Verbindung der gezupften Saiten und der Schlaginstrumente mit den Streichern gibt nicht genug Verschmelzung und beide Klangfarben bleiben isoliert. Die Verbindung der gezupften Saiten mit den Schlaginstrumenten selbst ist ausgezeichnet; beide verschmelzen ineinander gänzlich, und die hervorgebrachte Klangverstärkung macht einen edlen Eindruck.

Eine gewisse Analogie zwischen den Flageolett-Tönen der Streicher und denen der Flöte (große oder kleine) erlaubt, die ersten als einen Übergang zu den hohen Tönen der Holzbläser zu betrachten. Außerdem ist auch eine gewisse Analogie (zwar eine entfernte) zwischen dem Klang der Bratsche, den mittleren Tönen des Fagotts und den tiefen der Klarinette zu vermerken, und dieses ergibt wieder einen Kontakt zwischen dem Streichquintett und den Holzbläsern in der mittleren orchestralen Lage.

Ein Verbindungsglied zwischen den Holz- und Blechblasinstrumenten ist auch durch das Fagott und das Horn gegeben, denn im *piano* und *mezzo-forte* bieten sie gegenseitig eine Analogie der Klangfarbe. Dasselbe kann man von dem tiefen Register der Flöte sagen, die durch ihre Klangfarbe an die Trompete im *pianissimo* erinnert. Die Klangfarbe der gestopften und mit Dämpfern hervorgebrachten Töne der Hörner und Trompeten erinnert an den Ton der Hoboe und des Englischhorns, mit dem sie auch verschmilzt.

Um diese Übersicht der orchestralen Gruppen abzuschließen, halte ich es für notwendig, die folgenden allgemeinen Bemerkungen beizufügen.

Die wesentliche musikalische Bedeutung gehört im allgemeinen den drei Gruppen der Instrumente mit gedehntem oder fortdauerndem Klang, welche zur gleichen Zeit auch die ersten drei Elemente der Musik darstellen: die Melodie, die Harmonie und den Rhythmus. Die Gruppen der Instrumente mit kurzer Klangdauer, obgleich sie manchmal eine unabhängige Rolle spielen, haben meistens nur ornamentale, koloristische Bedeutung, und die Gruppe der Instrumente ohne bestimmte Tonhöhe hat gar keine melodischen oder harmonischen Funktionen aufzuweisen, sondern lediglich nur rhythmische.

Die Reihenfolge, in welcher hier die sechs Gruppen des Orchesters verzeichnet sind, — Streicher, Holz- und Blechinstrumente, gezupfte Saiten, Schlaginstrumente mit bestimmter Tonhöhe und Schlaginstrumente ohne bestimmte Tonhöhe, — erlaubt es, auf den ersten Blick gleich zu beurteilen, welche Rolle diese verschiedenen Gruppen in der Kunst der Orchestration spielen, auch in bezug auf die sekundären Elemente, wie Farbe und Ausdruck. Was den Ausdruck anbelangt, so ist die erste und am meisten dazu geeignete Gruppe — die der Streicher. Die Kapazität in der Ausdrucksmöglichkeit der anderen Gruppen vermindert sich nach der gegebenen Reihenfolge und die Farbe bleibt das einzige Attribut der letzten Gruppe der Schlaginstrumente.

In derselben Reihenfolge bleiben die Gruppen auch in bezug auf den allgemeinen Effekt, die eine Orchestration hervorbringt. Man kann die Streicher während einer sehr langen Zeit anhören, ohne Ermüdung zu verspüren, soviel verschiedene Eigenschaften besitzen sie (als Beispiele genügt es, die Streichquartette zu nennen und auch eine Anzahl ziemlich ausgedehnter Kompositionen, Suiten, Serenaden usw., die für Streichorchester geschrieben sind). Es genügt, eine einzige Partie Streicher zuzufügen, um einen Satz oder eine Passage, die von den Bläsern allein gespielt wird, leuchtender zu machen. Die Klangfarben der Blasinstrumente erzeugen dagegen sehr rasch das Gefühl des Sattwerdens. Nach ihnen kommen die gezupften Saiten und zuletzt die Schlaginstrumente aller Arten, und es ist deswegen von Wichtigkeit, diese letzten nur mit gewissen vernünftig abgemessenen Zwischenräumen anzuwenden.

Es ist auch ohne Zweifel, daß die ständige Verbindung der Klangfarben à zwei, drei usw., welche die gemischten Klangfarben erzeugt, zu gleicher Zeit das Verschwinden gewisser charakteristischer Merkmale mit sich bringt und eine allgemeine, neutrale und monotone Färbung bewirkt, wogegen die Anwendung reiner und einfacher Klangfarben eine viel größere Mannigfaltigkeit in der orchestralen Kolorierung zuläßt.

7. (20.) Juni 1908.

Zweites Kapitel

Die Melodie.

Kurz oder lang, einfaches Motiv oder singender Satz, die Melodie muß sich unbedingt abheben, falls ihr begleitende Stimmen beigegeben sind. Sie kann sich künstlich und natürlich abheben. Künstlich, — wenn keine Frage der Klangfarbe in Betracht kommt und der Gegensatz nur dadurch entsteht, daß der Melodie mehr ausgeprägte dynamische Nuancen gegeben werden. Natürlich, — wenn es durch eine Selektion, durch Klangfarbenkontrast, durch Verstärkung des Klanges, durch Verdoppelung, Verdreifachung usw. geschieht, oder auch durch Kreuzung der Stimmen (z. B., wenn die Violoncelli höher als die Bratschen und Violinen spielen, oder die Klarinetten und Hoboen höher als die Flöten, die Fagotte höher als die Klarinetten usw.).

Wenn die Melodie der höchsten Stimme zugeteilt ist, so tritt sie schon durch diese Position hervor, ebenso die Melodie im Baß, — und auch gewissermaßen aus demselben Grunde. In den mittleren Stimmen tritt sie weniger hervor, und hier sind die obenerwähnten Mittel von Notwendigkeit. Man kann sie auch für zweistimmige Melodien anwenden (d. h. in Terzen und Sexten) und für gruppierte und polyphonisch zusammengesetzte.

Die Melodie bei den Streichern.

Unzählig sind die Fälle der Anwendung der Melodie bei den Streichern. Der Leser wird sie in zahlreichen Beispielen dieses Buches finden. Außer den Kontrabässen mit ihrem dumpfen und etwas schwachen Klang, die man in Verbindung (in Oktaven oder *unisono*) mit den Celli anwendet, sind alle anderen Instrumente dieser Gruppe: Violinen, Bratschen und Violoncelli geeignet, in vollster Unabhängigkeit die Melodie zu führen.

a) Violinen.

Die Melodie in der Lage des Soprans, Alts + ein höchstes Register fällt gewöhnlich den ersten Violinen zu (Viol. I), manchmal den zweiten oder auch beiden im *unisono* (Viol. I und II), was der Melodie einen volleren Klang gibt, ohne die Zartheit der Klangfarbe einzuschränken.

Beispiele:

Die Zarenbraut 84 . — Melodie *pianissimo* (Viol. I) dramatischen Charakters, unruhig. Harmonische Begleitung (Viol. II, Viole *tremolando* — als mittlere Stimmen, Violoncelli — als Baß).

Antar, vor 70 . — Heruntergehender melodischer Satz, Viol. I *con sordini, piano.*

Nr. 1. *Sheherazade*, 2. Satz B . Melodie im *piano* (Viol. I) graziösen Charakters.

Antar 12 . Leichte, graziöse Melodie orientalischen Charakters. Die Melodie hat einen Tanzcharakter (Viol. I mit Dämpfer); die Sordinen geben ihr eine matte Klangfarbe und Leichtigkeit der Luft.

Nr. 2. *Legende der unsichtbaren Stadt Kitesh* 283 .

Nr. 3. *Capriccio Espagnol* F . Die ersten Violinen im hohen Register, nicht verdoppelt, Oktave höher als die Holzbläser. Sehr aparter Klang.

b) Bratschen.

Die Melodie in der Lage der Stimmen Alt-Tenor + ein höheres Register ist die Domäne der Bratschen. Doch sind die großen, breiten und singenden Melodien seltener den Bratschen als den Violinen und Celli zugeteilt, teilweise weil der Klang der Bratsche etwas nasal ist und mehr für Charaktersätze und kurze Motive sich eignet, teilweise aber auch deswegen, weil die Bratschen in den Orchestern weniger zahlreich sind. In den meisten Fällen ist die Melodie bei den Bratschen durch andere Streicher oder durch Holzbläser verdoppelt.

Beispiele:

Nr. 4. *Der Wojewode*, Duett aus dem 2. Akt 145 . Lange, singende Melodie bei den Bratschen *(dolce)* im *unisono* mit der Partie des *Mezzosoprans.*

Nr. 5. *Der goldene Hahn* 193 . — Fließende, singende Melodie.

Nr. 6. *Sadko*, musikalisches Gemälde 12 . — Viole *con sord.* Kurzes Motiv, im Tanzcharakter, *piano*, in *Des*-dur. (Dieselbe Musik in *E*-dur, im 6. Bilde der Oper *Sadko*, hat einen etwas schärferen Klang.)

c) Violoncelli.

Die Violoncelli, welche die Aufgabe haben, Melodien in der Lage des Tenors und Basses + ein hohes Register darzustellen, werden viel öfter zum Spiel von singenden, gedehnten und leidenschaftlichen Melodien verwendet als zur Darstellung von melodischen Charakterzeichnungen und zu raschen Sätzen. Der melodische Gesang wird ihnen meistens auf der höchsten (*A*) Saite zugedacht, weil sie eine ausgezeichnete, sehr singende Klangfarbe einer Bruststimme besitzt.

Beispiele:

Antar 56 . Singende Melodie auf der *A*-Saite.

Antar 63 . Dieselbe Melodie *Des*-dur auf der *D*-Saite (mit Verdoppelung durch die Fagotte).

Nr. 7. *Der Wojewode* 134 , nocturne: „Der klare Mondschein". Breite und singende Melodie *dolce* und *espressivo*, welche später die ersten Violinen in der höheren Oktave verdoppeln.

Nr. 8. *Sniegurotschka* 231 . Vom fünften Takt, eine *cantabile* und *espressivo* singende Melodie auf der *A*-Saite, welche die Melodie der 1. Klarinette nachahmt.

Nr. 9. *Sniegurotschka* 274 . Singender Satz mit kleinen Ornamenten ausgeschmückt.

d) Kontrabässe.

Durch seine Lage — *basso profondo* + ein tieferes Register — und den dumpfen Klang eignet sich der Kontrabaß nicht zur Ausführung singender Melodien und Sätze, weswegen solche ihm nur im Einklang oder in Oktave mit den Violoncelli zugeteilt werden. Ich kann auch in meinen Kompositionen keine einigermaßen bedeutende Phrase finden, welche den Kontrabässen ohne Unterstützung durch die Violoncelli oder Fagotte gegeben wäre.

Beispiele:

*Nr. 10. *Legende von der unsichtbaren Stadt Kitesh* 306 . Kontrabaßsolo, verdoppelt zuerst durch das Kontrafagott, dann durch das Fagott. Dieses Beispiel bietet einen ungewöhnlichen Fall der Notation (in den letzten Noten) im Altschlüssel.

*Nr. 11. *Der goldene Hahn* 120. — C-bassi + C-fagott.

Gruppierung im Einklang *(unisono)*.

a) Violine I + Violine II. — Es ist selbstverständlich, daß diese Kombination keine Veränderung in der Klangfarbe der Violinen verursacht, sie gibt bloß mehr Vollheit und zu gleicher Zeit durch das Wachsen der Zahl der Spieler auch Weichheit. In den meisten Fällen, wo diese Kombination angewandt ist, wird die Melodie auch durch irgendeinen Holzbläser verdoppelt. Die große Zahl der Violinen verhindert dann das Vorherrschen des Klanges des Holzbläsers und die Klangfarbe des ganzen, auf diese Weise hervorgebrachten Komplexes — bleibt diejenige des Quintetts, aber voller und fetter.

Beispiele:

Nr. 12. *Sheherazade.* 3. Satz, Anfang. Singende Melodie (Viol. I + II) zuerst auf der *D*-, dann auf der *A*-Saite.

Die Mainacht, Ouvertüre D. Belebte Melodie im *piano*, zuerst singend, teilt sich später in zwei Oktaven (Viol. I / Viol. II 8) und erhält eine ornamentale Figuration.

Nr. 13. *Der goldene Hahn* 170. — Viol. I + II *con sord.*

b) Violini + Viole. Die Verbindung der Violinen und Bratschen wie diejenige der Violinen miteinander, bietet auch nichts Eigenartiges. Die Klangfarbe der Violinen behält ihre vorherrschende Stellung, und der Klang selbst ist voll und weich.

Beispiele:

Nr. 14. *Sadko* 208. — Viol. I + Viol. II + V-le *sul G*. Eine singende und friedliche Melodie im *pianissimo* im Einklang mit dem Chor der Alt- und Tenorstimmen.

Der goldene Hahn 142 — dieselbe Kombination.

c) Viole + Violoncelli. — Diese Verbindung erzeugt einen vollen und fetten Klang, wobei die Farbe der Violoncelli dominiert.

Beispiele:

Nr. 15. *Sniegurotschka* 5. — Das Auftreten des Frühlings. V-le + V-celli + Cor. ingl. Dieselbe, wie im Beispiele 9, singende

Phrase im *mezzoforte cantabile*, aber hier, wo sie eine Terz höher und in einer helleren und mehr leuchtenden Tonalität erscheint, bietet sie einen mehr ausgedehnten und glanzvolleren Klang. Die Beimischung des Englischhorns zu diesem gemischten Ganzen verändert seinen Charakter nicht, und die V-celli bleiben dominierend.

Nr. 16. *Der goldene Hahn* 71. V-le + V-celli *con sord.*

d) Violini + Violoncelli. — Eine Verbindung, die der vorhergehenden gleich ist und wobei die Violoncelli dominieren. Der Klang ist noch fetter.

Beispiele:

Nr. 17. *Sniegurotschka* 288. Der Frühling steigt herab auf den See. Viol. I + Viol. II + V-celli + Cor. ingl. Singender Satz, gleich den Beispielen 9 und 15. Das Englischhorn verliert sich in der Farbe des ganzen Ensembles. Das Dominierende ist wiederum das Violoncello, und der Klang ist noch glanzvoller.

Nr. 18. *Die Mainacht.* 3. Akt L, Chor der Wassernixen. Die Verbindung eines einzigen Violoncellos mit dem Sang der Violinen genügt, um diesen die Nuance der Farbe des Cellos zu geben.

e) Viol. I + II + V-le + V-celli. — Die Verbindung im Einklang der Violinen, Bratschen und Celli ist nur in der Lage der Alt-Tenorstimme möglich; sie vereint die Kraft aller dieser Instrumente zu einem Ganzen von zusammengesetzter Färbung, welche im *forte* sehr gedehnt und mächtig und im *piano* besonders voll und weich erklingt.

Beispiele:

Nr. 19. *Sheherazade.* 2. Satz P. — Energische Phrase im *fortissimo.*

Mlada. Litauischer Tanz, vor 36.

Mlada. 3. Akt. 40. — Tanz und mimische Szene der Kleopatra. Singende Melodie mit Verzierungen orientalischen Ursprungs.

f) V-celli + C-bassi. — Diese Kombination, welche im Bereiche des tiefen Baßes einen vollen und weichen Klang erzeugt, wird ihrer Natur gemäß sehr selten in Anwendung gebracht (für Sätze im Bereiche des Baßes und der tiefen Lage).

Beispiele:

Nr. 20. *Sadko* 260 . — Figurierter, beharrender Satz im *forte*, dem Charakter und Klange nach — streng und hart.

Nr. 21. *Legende von der unsichtbaren Stadt Kitesh.* 240 . — Ein Satz im *pianissimo*-Charakter des Unheilvollen und Ungeheuren.

Streichinstrumente in Oktaven.

a) Die ersten und zweiten Violinen in Oktaven.

Es ist ein sehr viel gebrauchtes Verfahren, welches man bei melodischen Zeichnungen aller Art anwendet und besonders da, wo die Lage den hohen Sopran überschreitet. Wie ich schon früher bemerkt habe, verliert die Klangfarbe der ersten Saite (*E*), sobald sie sich von den Grenzen der Lage des hohen Soprans entfernt, an Fülle und Ausdruck. Außerdem sind die melodischen Bewegungen der Violinen in der höchsten Lage von dem ganzen Ensemble zu sehr isoliert, wenn sie nicht in der Oktave verdoppelt sind. Durch diese Verdoppelung werden der Ausdruck, die Fülle und Stabilität der Klangfarbe erhalten. Der Leser wird in den Beispielen viele Stellen der Violinen in Oktaven finden; hier gebe ich einige speziell singenden Charakters:

Beispiele:

Nr. 22. *Die Zarenbraut* 166 . — Singende Melodie im *piano*.

Die Zarenbraut 206 . — Breite, singende Melodie, *mezzo-piano;* die untere Stimme ist im Einklang mit dem Sopran.

Sheherazade. 3. Satz J . Singende Melodie in *G*-dur, *dolce e cantabile* (gleich derjenigen aus dem Beispiele 12).

Nr. 23. *Legende vom Zaren Saltan* 227 . Singende Melodie mit sich wiederholenden Noten, *dolce, espr. e cantabile.*

Sadko, musikalisches Gemälde 12 . Viol. I / Viol. II] 8 *con sord.* Kurze Tanzmelodie *pianissimo*, welche die Violinen nach den Bratschen aufnehmen (vgl. Beisp. 6).

Nr. 24. *Sadko*, Oper 207 . Ein vielleicht einziger Fall in dieser Art, wo die Violinen in ihrer höchsten Lage spielen.

Anmerkung. Die Ausführung ist schwer, aber auf jeden Fall möglich. Um die hohe Oktave zu spielen, genügen ein oder zwei Pulte der ersten Violinen; die anderen können eine Oktave tiefer spielen. Auf diese Weise wird der durchdringende Charakter der hohen Oktave vermindert, die Ausführung wird angenehmer und reiner und das Ausdrucksvolle der tieferen Oktave wird verstärkt.

* *Der goldene Hahn* 156 .

* „ „ „ 165 .

* *Antar*, 1. Satz 11 .

* Nr. 25. *Pskovitianka.* 3. Akt 63 .

b) Violinen *divisi* in Oktaven.

Wenn man die ersten oder zweiten Violinen zur Hälfte geteilt spielen läßt, so macht das sicher den Klang der Melodie schwächer, weil die Zahl der Spieler um das Doppelte kleiner ist und die Folgen davon sind besonders in kleinen Orchestern sehr fühlbar. Doch wird diese Art manchmal angewandt, wenn die Melodie in ziemlich hoher Lage ist und meistens mit Verdoppelung durch die Holzbläser.

Beispiele:

Sniegurotschka 166 . — Viol. I / Viol. II] 8 *mezzoforte espressivo.* Teilweise Verdoppelung des Gesangs der Kupava (Sopran). Eine Flöte und eine Hoboe verdoppeln die Melodie.

Nr. 26. *Sniegurotschka* 283 — Chor der Blumen — 2 Viol. soli / Viol. I + Fl. I] 8. Ein singender Satz *pianissimo* in zwei Oktaven mit dem Frauenchor zusammengehend, (Sopran I) vorher von dem Englischhorn gespielt. In der unteren Oktave sind alle ersten Geigen, außer zweien, + die Flöte, und in der oberen — nur zwei Geigen *soli.* Diese höhere Stimme ist genügend zu hören, weil das gesamte *pianissimo* den Geigern des ersten Pultes erlaubt, eine gewisse Klangstärke zu erzielen.

c) Violinen und Bratschen in Oktaven.

Das Schreiten der ersten oder zweiten Violinen in Oktaven mit den Bratschen ist sehr gebräuchlich, besonders in den Fällen, wo die untere Oktave der Melodie tiefer als das tiefste *G* der Violinen heruntergeht.

1. Viol. (I oder II) / Viole] 8.

Beispiele:

Sniegurotschka 132 , Finale des 1. Aktes. Belebte und bewegte Melodie im *piano.*

2. Viol. I + II / Viole] 8 und 3. Viol. I / Viol. II + Viole] 8.

Diese zwei Dispositionen sind nicht ganz gleich. Die erste wird dazu gebraucht, um der höheren Stimme mehr Glanz zu geben, die zweite, um die tiefere Stimme voller und singender zu gestalten.

Beispiele:

Nr. 27. *Sadko*, vor [181] — Viol. I + II / Viole] 8. Singender Satz, *forte* mit wiederholten Noten.

Nr. 28. *Sniegurotschka* [137], Finale des 1. Aktes. Viol. I / Viol. II + V-le] 8. Singender Satz, welcher der Flöte und Klarinette übergeben wird (vgl. Beisp. 8).

d) Bratschen und V-celli in Oktaven.

Dieses Verfahren wird hauptsächlich dann angewandt, wenn die Violinen anderweitig beschäftigt sind.

Beispiele:

Legende von der unsichtbaren Stadt Kitesh [59] Viole / V-celli] 8, verdoppelt durch die Fagotte.

e) Violinen und V-celli in Oktaven.

Bei sehr ausdrucksvollen und singenden Sätzen angewandt, wenn die Melodie des V-cello auf den Saiten *A* und *D* ausgeführt wird. Dieses Verfahren gibt einen besseren Klang als das vorhergehende und die Fälle, in denen man es anwendet, sind zahlreich.

Beispiele:

Nr. 29. *Antar* [43] — Viol. I + Viol. II / V-celli] 8. Singende Melodie, orientalischen Ursprungs.

Sheherazade, 3. Satz, [H] — Viol. I / V-celli] 8. Singende Melodie, *mezzo forte appassionato* (vgl. Beisp. 1).

Nr. 30. Sheherazade. 3. Satz, vor [P] Viol. I / Viol. II + V-celli] 8 und Viol. I + II / V-celli] 8. Die erste von diesen Dispositionen ist selten.

Der Wojewode [134], nocturno „Der klare Mondschein" — Viol. I / V-celli] 8. Fortsetzung der singenden Melodie, die vorher von den V-celli allein gespielt war (vgl. Beisp. 7).

Die Mainacht. 3. Akt [B, C, D] — Viol. I + Viol. II / V-celli] 8. Melodischer Satz *forte*.

f) V-celli und C-Bässe in Oktaven.

Eine gewöhnliche Disposition der Baßstimme wie auch der melodischen Linien in der Lage der Baßstimme. Die vorkommenden

Fälle sind unzählig. Zuweilen ist die Zeichnung der Stimme der C-Bässe im Vergleich mit der der V-celli vereinfacht.

Beispiele:

Sniegurotschka 9 , Arie des Frühlings.

g) Bratschen in Oktaven mit den C-Bässen.
Seltenes Verfahren. Wird hauptsächlich dann angewandt, wenn die V-celli anderweitig beschäftigt sind.

Beispiele:

Nr. 31. *Legende von der unsichtbaren Stadt Kitesh* 223 .

h) Stimmen, welche in Oktaven fortschreiten und außerdem verdoppelt sind.

Für solche Melodien, welche in den mittleren Oktaven sich bewegen und von den ersten und zweiten Geigen ausgeführt werden, gibt die Verdoppelung durch die Bratschen und V-celli einen schönen, etwas strengen oder herben Klang. Dieses Verfahren kommt ziemlich oft vor.

Beispiele:

Sniegurotschka 58 , 60 , 65 und 68 . Diese Melodie erscheint zweimal *pianissimo*, ohne weitere Verdoppelung und dann zweimal (*mezzoforte* und *forte*) durch die Holzbläser verdoppelt.

Mlada, 2. Akt, litauischer Tanz, Anfang. Bewegtes Thema, *piano*.
Pskovitianka. 2. Akt 28 .

Anmerkung I. Es erscheint mir nützlich, die Aufmerksamkeit auf die Tatsache hinzuweisen, daß die Melodien, welche in den höchsten Lagen der Orchesterskala gelegen sind, d. h. über die Mitte der 5. Oktave, gewöhnlich eine Oktave tiefer verdoppelt werden, ebenso auch solche Melodien, die in der tiefsten Lage sich befinden (d. h. tiefer als die Mitte der ersten Oktave), — eine Oktave höher verdoppelt werden.

Beispiele:

Sadko 207 (vgl. Beisp. 24).

Anmerkung II. Im allgemeinen muß man dieselben Instrumente (außer den Violinen) nicht in Oktaven fortschreiten lassen z. B. die Bratschen, V-celli oder C-Bäße geteilt:

<pre>Viole I, V-celli I, C-bassi I ⌉
Viole II, V-celli II, C-bassi II⌋ 8,</pre>

weil die Stimmen auf verschiedenen Saiten gespielt werden und dadurch die Klangfarbe verändert wird.

Anmerkung III. Man findet zuweilen folgende Disposition:

<pre>Viole   + V-celli I ⌉
C-bassi + V-celli II⌋ 8.</pre>

Die Melodie in zwei Oktaven.

<pre>   Viol. I ⌉ 8   Viol. I ⌉ 8
a) Viol.II ⌉ 8 oder Viol.II ⌉ 8 das wäre bei umfangreichen und sin-
    V-le   ⌋ 8   V-celli ⌋ 8</pre>

genden Melodien von äußerster Ausdehnung anzuwenden und vorzugsweise im *forte*.

Beispiel:

<pre>   Viol. I   ⌉ 8.
No. 32. Antar |65|. —   Viol. II   ⌉ 8.
                          V-le + V-celli   ⌋</pre>

<pre>   V-le   ⌉ 8   Viol. I + II   ⌉ 8   Viol. I + II + V-le ⌉ 8
b) V-celli ⌉ 8 oder V-le + V-celli ⌉ 8 oder V-celli   ⌉ 8.
    C-bassi ⌋ 8   C-bassi   ⌋ 8   C-bassi   ⌋</pre>

Dieses ist dann anzuwenden, wenn von jedem Instrument das tiefe Register gebraucht wird und hauptsächlich für Motive und Sätze von hartem und strengen Charakter.

Beispiele:

Legende von der unsichtbaren Stadt Kitesh |66|, Anfang des 2. Aktes.

No. 33. *Sniegurotschka* |215|. Tanz der Narren.

Anmerkung. das Fehlen des Gleichgewichts bei der nachstehenden Disposition:

<pre>   Viol. I + II + V-le ⌉ 8
         V-celli   ⌉ 8
         C-bassi   ⌋</pre>

ist nicht von großer Bedeutung, weil bei dieser Spielart die teilweisen harmonischen Klänge (Obertöne) einer Oktave die der anderen gegenseitig unterstützen.

Verdoppelungen in drei und vier Oktaven.

<pre>   Viol. I ⌉ 8
                 Viol. II ⌉ 8
Die Disposition V-le   ⌉ 8 kommt sehr selten vor und gewöhnlich
                 V-celli ⌉ 8
                 C-bassi ⌋ 8</pre>

nur in Verbindung mit Bläsern, die sie unterstützen.

Beispiel:

Legende von der unsichtbaren Stadt Kitesh. 150 *(allargando).*
Sheherazade, 4. Satz, vom 10. Takt.

<pre>
Viol. I   ]
Viol. II   ]
V-le + V-celli] 8.
C-bassi   ]
</pre>

Melodien in Terzen und Sexten.

Wenn man den Streichern eine Melodie in Terzen gibt, so ist es
oft notwendig, beiden Stimmen gleiche Klangfarbe zu geben; wenn
man aber eine Melodie in Sexten verteilt, brauchen die Klangfarben nicht identisch zu sein. Darum, wenn man Terzen in Oktaven fortschreiten läßt, so läßt man die ersten und die zweiten
Violinen, jede *divisi* in Terzen spielen. Trotz des kleinen Unter-
schieds in der Zahl der Spieler klingen die Terzen nicht ungleich.
Man kann dieselbe Disposition bei Bratschen und V-celli anwenden;
es ist aber unnötig, dieses bei Sexten zu tun.

Beispiele:

Nr. 34. Legende von Kitesh 34 — Viol. I *div.*) 3 / Viol. II *div.*) 3] 8.

Legende von Kitesh 39 — Viol. I / V-le] 6.

Vgl. auch *Legende von Kitesh* 223 : Viol. I / Viol. II } 3 / V-le I / V-le II } 3] 8 (Beisp. 31).

Die Verteilung in Oktaven, Terzen und Sexten geschieht gewöhnlich nach der normalen Höhenlage der betreffenden Instrumente,
um einen affektierten Charakter zu vermeiden, der durch die Aufhebung dieser Ordnung evtl. entstehen könnte. Doch können
solche Interversionen in besonderen Fällen vorkommen. So im
nachfolgenden Beispiel: die höhere Stimme in der Sextenlage ist
den Violoncelli zugeteilt und die tiefere — den Geigen auf der
4. Saite, woraus sich ein Klang von ganz originellem Charakter
ergibt.

Beispiel:

No. 35. *Capriccio Espagnol* D — V-celli / Viol. I + II] 6.

Die Melodie bei den Holzbläsern.

*Die Wahl für Melodien verschiedenen Charakters und Ausdrucks des einen oder anderen Instruments ist durch die Eigenschaften der Instrumente bedingt, welche im vorigen Kapitel im einzelnen geprüft sind. Diese Wahl ist im breiten Maße dem Geschmack des Orchestrators überlassen. In diesem Abschnitt werden nur vom Standpunkte des Klanges und der Klangfarben die besten Mittel gezeigt, um die Holzblasinstrumente im *unisono* und in Oktaven zu gruppieren und auch der Melodie eine Disposition in Terzen, Sexten oder gemischt zu geben. Der Leser wird in jeder Partitur Beispiele der Anwendung der Holzbläser im *solo* finden. Hier werden nur besonders typische Fälle gegeben.

Beispiele der Anwendung der Holzbläser im Solo:

1. Kleine Flöte: *Serbische Fantasie* [C]; Nr. 36. *Legende vom Zaren Saltan* [216]; *Sniegurotschka* [54].

2. Große Flöte: *Antar* [4]; *Servilia* [80]; *Sniegurotschka* [79], [183]; *Zaubermärchen* [L]; *Weihnachtsnacht* [163]; Nr. 37. *Sheherazade*, 4. Satz, vor [A] (Flöten à 2 im tiefen Register).

Flöte (doppelter Zungenschlag): *Der Wojewode* [72]; *Sheherazade*, 4. Satz, nach [V]; Nr. 38. *Pskovitianka*, 3. Akt, nach [10].

3. Alt-Flöte: Nr. 39. *Legende von Kitesh* [44].

4. Hoboe: Nr. 40. *Sheherazade*, 2. Satz [A]; *Mainacht*, 3. Akt [Kk]; Nr. 41. *Sniegurotschka* [50], [112], [239]; *Die Zarenbraut* [108] (vgl. Beisp. 284); Nr. 42 und 43. *Der goldene Hahn* [57] und [97].

5. *Englischhorn*: *Sniegurotschka* [97], [283] (vgl. Beisp. 26); Nr. 44. *Capriccio Espagnol* [E]; Nr. 45. *Der goldne Hahn* [61].

6. Kleine Klarinette: Nr. 46. *Mlada*, 2. Akt [33]; 3. Akt [37].

7. Klarinette: *Serbische Fantasie* [G]; *Capriccio Espagnol* [A]; *Sniegurotschka* [90], [99], [224], [227], [231] (vgl. Beisp. 8); *Mainacht*, 1. Akt, vor [X]; *Sheherazade*, 3. Satz [D]; *Zaubermärchen* [M]; *Zarenbraut* [50], [203]; *Der goldene Hahn* [97] (Schalmei, vgl. Beisp. 43).

8. Baßklarinette: Nr. 47 und 48. *Sniegurotschka* [243] und [246 -247].

— 54 —

9. Fagott: *Antar* 59; Nr. 49. *Die Bojarin Vera Scheloga.* 36; *Sheherazade*, 2. Satz, Anfang (vgl. Beisp. 40); Nr. 50. *Der goldene Hahn.* 249; Nr. 51. *Mlada* 3. Akt, nach 29 (vgl. auch Beisp. 78);

10. Kontrafagott: *Legende von Kitesh*, vor 84, 289; (vgl. Beisp. 10) *(c-fagotto + c-basso solo)*.

Die normale Reihenfolge, in der die Holzblasinstrumente in der Orchesterskala ihren Platz haben und die auch den natürlichsten Klang ergibt, ist — von oben angefangen — folgende: Flöten, Hoboen, Klarinetten, Fagotte (ist auch die gewöhnliche Schreibart in den Partituren). Die Interversion oder Aufhebung dieser Ordnung: wenn man z. B. das Fagott höher als die Klarinette oder die Hoboe; — die Flöte niedriger als die Hoboe oder Klarinette (noch mehr das Fagott) spielen ließe, — würde gesuchte manierierte Klänge hervorbringen, könnte jedoch in manchen speziellen Fällen nützlich sein, um gewissen künstlerischen Zwecken zu dienen. Ich meinerseits rate dem Schüler, dieses Verfahren nicht zu mißbrauchen.

Verbindungen im Einklang.

Wenn man zwei Holzblasinstrumenten-Typen im Einklang vereinigt, erhält man folgende gemischte Klangfarben.

a) *Flöte + Oboe.* Vollere Klangfarbe als bei der Flöte, weichere als bei der Oboe. Im *piano* wird die Farbe der Flöte im tiefen Register und die der Oboe im hohen vorherrschen. Beispiel: Nr. 52. *Sniegurotschka* 113.

b) *Flöte + Klarinette.* Vollere Klangfarbe als die der Flöte, mattere als die der Klarinette. In der tiefen Lage wird die Farbe der Flöte hervortreten, — in der hohen die der Klarinette. Beispiele Nr. 53. *Kitesh* [1]) 330, 339, 342.

c) *Oboe + Klarinette.* Klangfarbe ist voller als bei jedem der Instrumente isoliert. In der tiefen Lage wird das Dunkle und Nasale der Oboe dominieren, — in der hohen die helle Farbe der Bruststimme der Klarinette. Beispiele: *Sniegurotschka* 19; Nr. 54. *Sniegurotschka* 115. Vgl. *Kitesh* 68, 70, 84 — 2 Hob. + 3 Clar. (Beisp. 199—201).

----

[1]) Name der Stadt: *Kitesh* statt der langen Benennung: *Legende von der unsichtbaren Stadt Kitesh.*

d) *Flöte + Hoboe + Klarinette.* Sehr volle Farbe. Vorherrschend: in der tiefen Lage die Flöte, in der mittleren die Oboe, in der hohen die Klarinette. Beispiele: *Mlada*, 1. Akt $\boxed{1}$; *Sadko* $\boxed{58}$ (2 Fl. + 2 Hob. + Clar. picc.).

e) *Fagott + Klarinette.* Sehr volle Farbe. In der tiefen Lage wird die finstere Farbe der Klarinette, in der hohen die kränkliche des Fagotts vorherrschen. Beispiel: *Mlada*, 2. Akt, nach $\boxed{49}$.

f) *Fagott + Oboe,* und

g) *Fagott + Flöte.*

Diese Verbindungen (*f* und *g*) ebenso wie *Fagott + Klarinette + Oboe* und *Fagott + Klarinette + Flöte* sind sehr selten, außer in den *tutti*, wo sie dazu dienen, die Kraft des Klanges zu erhöhen, nicht aber um eine neue gemischte Klangfarbe zu geben. Aber in solchen Gruppierungen, deren Ausdehnung sehr beschränkt bleibt (praktisch fast nur die 3. Oktave enthält), wird man in dem ersten Drittel die Vorherrschaft der tiefen Töne der Flöte bemerken und im zweiten die Farbe der hohen Fagott-Töne. Die Klarinette, deren mittleres Register schwächer ist, wird in solcher Verbindung wenig bemerkbar sein.

h) *Fagott + Klarinette + Oboe + Flöte.* Auch eine sehr seltene Kombination. Volle Farbe, die schwer in Worten auszudrücken ist. Die Farbe eines jeden dieser Instrumente wird nach den soeben erwähnten Grundsätzen sich bewähren. Beispiele: *Das große russische Osterfest*, Anfang; Nr. 55. *Sniegurotschka* $\boxed{301}$; *Mainacht*, 3. Akt $\boxed{Qqq}$.

Die Verbindung im Einklang zweier oder vieler Klangfarben, welche wirklich eine aus Fülle, Weichheit und Kraft entstehende Schönheit hervorbringt, hat zur selben Zeit den Nachteil, die Mannigfaltigkeit der Färbung und die Ausdrucksmöglichkeit zu vermindern. Die Gruppierung bringt es mit sich, daß die Eigenheiten der reinen Klangfarben weniger ausgesprochen, weniger charakteristisch werden. Darum muß man diese Verbindungen nur mit größter Vorsicht anwenden, um nicht den unangenehmen Mangel an Verschiedenheiten der Gestalt und des Charakters zu spüren. Für die Melodien und Sätze, die nur der Fülle des Ausdruckes bedürfen, muß man die Solo-Instrumente und reine Farben benutzen. Dasselbe kann man von der Vereinigung zweier Instrumente derselben Gruppe sagen, z. B. von 2 Flöten, 2 Oboen, 2 Klarinetten, 2 Fagotten. Dabei wird die Farbe nichts von ihren charakteristischen Eigenschaften einbüßen, wird an Stärke und Abrundung des Klanges zunehmen, aber die Geschmeidigkeit des Ausdrucks wird sich sehr vermindern, weil das Instrument-Solo in dieser Hinsicht sich viel freier fühlt als ein verdoppeltes. Im allgemeinen wird man durch das Wesen der Sache selbst bestimmt, viel öfter zur Verdoppelung und zu den gemischten Farben im *forte* als im *piano* zu greifen und auch dann, wenn der Charakter der Farbe und des Ausdrucks mehr allgemein, massiv und dekorativ als speziell individuell und intim sein soll.

An dieser Stelle kann ich nicht umhin, zu äußern, für wie wenig angebracht ich die Methode mancher Kapellmeister halte, welche alle Holzbläser verdoppeln, um mit der unermeßlich gewachsenen Streichergruppe das Gleichgewicht zu erhalten, — wo dieses Wachsen durch die sehr vergrößerten Konzertsäle entstanden ist. Ich habe die Überzeugung, daß, um die Musik künstlerisch zu machen, man die Dimensionen der Säle bis zu gewissen Grenzen vermindern muß, ebenso wie die Zusammensetzung der Orchester. Die Monstrekonzerte müssen aus solchen Werken ihre Programme zusammensetzen, die speziell dafür bestimmt sind und also auch in besonderer künstlerischer Art geschrieben sein müssen, einer Art, von der ich hier nicht sprechen will.

Verbindungen in Oktaven.

Wenn die Melodie den Holzbläsern in Oktaven zugeteilt ist, so ist die normale Ordnung, um die beste natürliche Klangwirkung zu erzeugen, folgende:

$$8 \begin{bmatrix} \text{Fl.} & \text{Fl.} & \text{Fl.} & \text{Ob.} & \text{Ob.} & \text{Clar.} \\ \text{Ob.} & \text{Clar.} & \text{Fag.} & \text{Clar.} & \text{Fag.} & \text{Fag.} \end{bmatrix} 8.$$

Die Verbindung in Oktaven zwischen Flöte und Fagott ist selten, weil der Unterschied der Register zu groß ist. Die Interversion der oberen Ordnung (z. B. wenn das Fagott höher als die Klarinette oder Oboe, die Klarinette — höher als die Oboe oder Flöte, die Oboe höher als die Flöte spielen) ergibt einen wenig natürlichen, gezwungenen Klang, weil eine Konfusion der Register entsteht, indem das tiefe Instrument in seinem hohen Register und das hohe in seinem tiefen Register spielt. Der Mangel an entsprechender Beziehung der Klangfarben wird hierdurch fühlbar.

Beispiele:

Nr. 56. *Capriccio Espagnol* [O] — Fl. / Ob.] 8.

Nr. 57. *Sniegurotschka* [254] — Fl. / Cor. ingl.] 8.

*Nr. 58. *Sheherazade*, 3. Satz $\boxed{E}$ — $\left.{Fl. \atop Clar.}\right]$ 8.

Sadko $\boxed{195}$ — $\left.{Fl. \atop Cor.\ ingl.}\right]$ 8.

Der Wojewode $\boxed{132}$ — $\left.{Fl. \atop Clar.}\right]$ 8.

Legende vom Zaren Saltan $\boxed{39}$ — $\left.{Clar. \atop Fag.}\right]$ 8.

Nr. 59. *Die Bojarin Vera Scheloga* $\boxed{30}$ — $\left.{Clar. \atop Fag.}\right]$ 8 und eine Menge anderer Beispiele in jeder beliebigen Partitur.

Die Anwendung in Oktaven zweier Instrumente derselben Klangfarbe, z. B. 2 Flöten, 2 Hoboen, 2 Klarinetten oder Fagotte, ist nicht zu verwerfen, aber auch nicht zu empfehlen, weil sie dabei in verschiedenen Registern spielen und nicht genau eins dem anderen entsprechen werden. Doch ist dieses Verfahren gut, wenn sie von Streichern oder *pizzicati* verdoppelt sind, und — je weniger sie sich von der mittleren Lage entfernen, — desto besser ist es. Es ist vorzüglich bei wiederholten Noten und bei ausgehaltenen.

Beispiele:

Mainacht, 1. Akt $\boxed{T}$ — $\left.{Clar.\ I \atop Clar.\ II}\right]$ 8.

** Sadko*, nach $\boxed{159}$ — $\left.{Ob.\ I \atop Ob.\ II}\right]$ 8, verdoppelt durch *pizz.*

** Servilia*, nach $\boxed{21}$ — $\left.{Fag.\ I \atop Fag.\ II}\right]$ 8 + *pizz.*

Die Oktaven, welche von Instrumenten derselben Gattung gespielt werden, wie

$$8\left[{Fag. \atop C\text{-}Fag.}\quad {Clar. \atop Clar.\ basso}\quad {Ob. \atop Engl.\ H.}\quad {Clar.\ picc. \atop Clar.}\quad {Fl. \atop Alt\text{-}Fl.}\quad {Fl.\ picc. \atop Fl.}\right]8,$$

sind immer sehr gut.

Beispiele:

Sniegurotschka $\boxed{5}$ — $\left.{Fl.\ picc. \atop Fl.}\right]$ 8 (vgl. Beisp. 15).

Die Zarenbraut $\boxed{133}$ — $\left.{Fl.\ picc. \atop Fl.}\right]$ 8.

Legende vom Zaren Saltan $\boxed{216}$ — $\left.{Fl.\ picc. \atop Fl.}\right]$ 8 (vgl. Beisp. 36).

Sadko, nach $\boxed{59}$ $\left.{Clar.\ picc. \atop Clar.}\right]$ 8.

Kitesh $\boxed{240}$ — $\left.{Fag. \atop C\text{-}Fag.}\right]$ 8, (vgl. Beisp. 21).

Nr. 60. *Mlada*, 3. Akt, vor $\boxed{44}$ — $\left.{Ob. \atop C.\ ingl.}\right]$ 8.

So, wie auch bei den Streichern, ist es gewöhnlich gut, jede Melodie, die in der höchsten oder niedrigsten Lage sich befindet, durch eine Oktave zu verdoppeln, die in der höchsten Lage eine Oktave tiefer, und in der tiefsten eine Oktave höher: z. B. die kleine Flöte würde man durch die große Flöte, die Hoboe oder Klarinette verdoppeln; das Kontrafagott, das Fagott und die Baßklarinette durch das Fagott, die Baßklarinette oder die gewöhnliche Klarinette eine Oktave höher:

$$8 \begin{bmatrix} \text{Fl. picc.} & \text{Fl. picc.} & \text{Fl. picc.} \\ \text{Fl.} & \text{Ob.} & \text{Clar.} \end{bmatrix} 8.$$

$$8 \begin{bmatrix} \text{Fag.} & \text{Clar. basso} & \text{Clar.} & \text{Clar.} & \text{Fag.} & \text{Fag.} \\ \text{C-Fag.} & \text{Fag.} & \text{Fag.} & \text{Clar. basso} & \text{Fag.} & \text{Clar. basso} \end{bmatrix} 8.$$

Beispiele:

*Legende vom Zaren Saltan [39] — Fl. picc. / Ob.] 8.

*Nr. 61. *Mlada*, 2. Akt, litauischer Tanz [32] — Fl. picc. / Clar. picc.] 8.

Sadko [150] — Fl. picc. / Clar. picc.] 8.

*Wenn man beide Oktaven verdoppelt, so kann man gemischte Klangfarben anwenden und alles oben Gesagte bleibt dabei in Kraft.

Beispiele:

Der Wojewode [134] — Clar. + Ob. / Clar. + C. ingl.] 8 (vgl. Beisp. 7).

Nr. 62. *Servilia* [168] — 2 Fl. + Ob. / 2 Clar. + C. ingl.] 8.

Nr. 63. *Die Zarenbraut* [120] — 3 Fl. + Ob. / 2 Clar. + Fag. + C. ingl.] 8.

Mlada, 3. Akt [41] — Fl. + Alt-Fl. / Clar. + Clar. basso] 8.

Verdoppelungen in zwei, drei und vier Oktaven.

In solchen Fällen muß man nach den nachstehenden Grundsätzen verfahren und die normale Ordnung nicht verändern:

In 3 Oktaven:
$$\begin{matrix} \text{Fl.} & \text{Ob.} & \text{Fl.} & \text{Fl.} \\ \text{Ob.} & \text{Clar.} & \text{Clar.} & \text{Ob.} \\ \text{Clar.} & \text{Fag.} & \text{Fag.} & \text{Fag.} \end{matrix} \begin{matrix} 8 \\ 8. \end{matrix}$$

In 4 Oktaven:
$$\begin{matrix} \text{Fl.} &] 8 \\ \text{Ob.} &] 8 \\ \text{Clar.} & \\ \text{Fag.} &] 8. \end{matrix}$$

Man kann auch zu gemischten Klangfarben greifen.

Beispiele:

Nr. 64. *Capriccio Espagnol* [P] — Melodie in 4 Oktaven:

$$\begin{matrix} \text{Fl. picc.} &] 8 \\ \text{2 Fl.} & \\ \text{2 Ob.} + \text{Clar.} &] 8 \\ \text{Fag.} &] 8. \end{matrix}$$

Die Zarenbraut [141] — Melodie in 3 Oktaven.

Kitesh [212] — 2 Clar.
Clar. basso] 8
Kontrafag.] 8.

*Nr. 65. *Antar*, (1. Version) 3. Satz, Anfang — Fl. picc. + 2 Fl.] 8
2 Ob. + 2 Clar.] 8;
2 Fag.

daselbst [C], die Melodie in 4 Oktaven (die kleine Flöte in der höchsten Oktave).

Mlada, 3. Akt, nach [42] — Fl.] 8
Ob.]
C. ing.] 8.

*Nr. 66. *Sheherazade*, 3. Satz [G] — Fl. picc.] 8
Clar. I]
Clar. II] 8.

Es ist sehr selten, daß die Melodie in fünf Oktaven fortschreitet, und in solchen Fällen verdoppeln sie die Streicher.

Melodien in Terzen und Sexten.

Das melodische Fortschreiten in Terzen und Sexten erfordert entweder Instrumente derselben Klangfarbe (2 Fl., 2 Ob., 2 Clar., 2 Fag.) oder auch verschiedener Klangfarben, aber in normaler Höhenordnung:

Fl. Fl. Ob. Clar. Ob.] 3 (6).
Ob. Clar. Clar. Fag. Fag.]

Wenn man diese Ordnung aufhebt, z. B. Ob. Clar. Fag.] 3 (6), so
Fl. Fl. Clar.]
ergeben sich fremdartige und gezwungene Klänge. Zum Fortschreiten in Terzen ist das beste Verfahren, paarweise gleiche Instrumente anzuwenden; zum Fortschreiten in Sexten passen besser Instrumente verschiedener Klangfarbe, doch bleiben beide Methoden gut und nützlich. Beide eignen sich für das Fortschreiten in Terzen und Sexten oder in gemischten Terzen, Quinten und Sexten, wie z. B.

Beispiele:

Kitesh [24] — verschiedene Holzbläser abwechselnd.

Mainacht, 3. Akt [G] — Clar.] 3.
Clar.]

Sadko [279—280] — Fl.] 3 (6).
Fl.]

Nr. 67. *Capriccio Espagnol*, vor [V] — verschiedene Holzbläser in Terzen und Sexten

Servilia [228] — Fl. Fl.] 3 und Clar. Clar.] 3.

Der goldene Hahn [232] — 2 Fl. 2 Ob.] 6.

**Sadko* [43] — Alle Holzbläser abwechselnd, reine Klangfarben.

Wenn verdoppelte Stimmen in Terzen oder Sexten fortschreiten, dann ist folgende Methode zu empfehlen.

Fl. + Ob. Fl. + Ob.] 3 (6) oder Fl. + Clar. Fl. + Clar.] 3 (6) usw., auch:

Fl. + Ob. Fl. + Clar.] 3 (6) oder Ob. + Fl. Fl. + Clar.] 3 (6) usw.

Im Falle die Stimmen dreifach sind, kann man so verfahren:

Fl. + Ob. + Clar. Fl. + Ob. + Clar.] 3 (6) oder Ob. + 2 Fl. Ob. + 2 Clar.] 3 (6) usw.

Beispiele:

*Nr. 68. *Weihnachtsnacht* [187] — Ob. + Clar. Ob. + Clar.] 3.

**Kitesh* [202—203] — verschiedene gemischte Klangfarben.

Gleichzeitige Terzen und Sexten.

Außer der selbstverständlichen Disposition:

Fl. Ob.
Ob. oder Clar. gibt es noch ge-
Clar. Fag.

mischte, welche Verdoppelungen enthalten:

Obere Stimme Ob. + Fl.
Mittlere „ Fl. + Clar.
Untere „ Ob. + Clar.

Das folgende Beispiel zeigt so einen Fall etwas unbestimmten Charakters:

Nr. 69. *Kitesh* [35] — Ob. Ob. + Clar. und Fl. Fl. + Ob. Clar. Ob.

Die Melodie bei den Blechinstrumenten.

Die natürliche Skala, welche bei den Blechinstrumenten bis zur Erfindung der Ventile existierte, ist folgende:

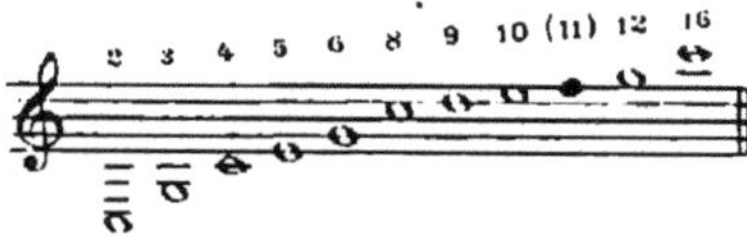

Sie ergibt zweistimmig

Mit Hilfe des Rhythmus haben diese Elemente eine ganze Reihe von Motiven und Sätzen hervorgebracht, die man unter dem Namen Fanfaren, Signale und Appele kennt.

In der modernen Musik ist diese Skala durch die Ventile in allen Tönen für jedes Instrument erreichbar, ohne seine Stimmung zu verändern. Man muß aber zugeben, daß die Motive in Form von Fanfaren den Blechinstrumenten am besten liegen. Die Zugabe bei den chromatischen Instrumenten von einigen Tönen, die nicht der Naturskala angehören, hat die Kategorie dieser Fanfarenmotive bereichert und ihnen eine gewisse Mannigfaltigkeit gegeben.

Diese Motive im Solo, oder auch zu zwei und drei Stimmen, sind hauptsächlich als Domäne der Trompeten und Hörner zu betrachten, aber sie können auch den Posaunen gegeben werden. Meiner Meinung nach passen zu dieser Art und ähnlichen Melodien am besten die vollen, freien und klaren mittleren und hohen Töne der Hörner und Trompeten.

Beispiele:

Servilia [20]. — Tr-be.

Weihnachtsnacht [182] — Cor., Tr-be.

Die Bojarin Vera Scheloga, Anfang der Ouvertüre, und nach [45] — Cor., Tr-be.

Pskovitianka, 3. Akt [3] — Cornetto.

Sniegurotschka [155] — Tr-be.

Nr. 70. *Kitesh* [65] — 3 Tr-be, 4 Cor.

Der Wojewode [191] — 2 Tr-bni, Tr-ba.

* *Der goldene Hahn* [20] — 2 Cor. und $\left.\begin{smallmatrix}\text{Tr-be}\\\text{Corni}\end{smallmatrix}\right]$ 8 (vgl. weiter).

Nach den rein Fanfarenmelodien passen zu dem Klange der Blechinstrumente am meisten diatonische, nicht modulierende Melodien, welche einen triumphalen und herausfordernden Charakter in Dur haben und einen dunklen Trauer-Charakter in Moll.

Beispiele:

Nr. 71. *Sadko* [342] — Tr-ba.

Sadko, vor [181] — Tr-boni (vgl. Beisp. 27).

Nr. 72. *Sniegurotschka* [71] — Tr-ba.

Ostern [M] — Tr-bone.

Capriccio Espagnol [E] — Abwechslung beim Horn der gestopften und nicht gestopften Töne (vergl. Beisp. 44).

Pskovitianka, 2. Akt, vor [17] — Tr-ba c-alta (Alt-Trompete) und etwas weiter 3 Hörner.

Mlada, 2. Akt [33] — Tr-ba c-alta (vgl. Beisp. 46).

Der poetische und herzliche Ton des Horns im *piano* erlaubt für dieses Instrument eine breitere Auswahl von Melodien und Sätzen diatonischen und Fanfaren-Charakters.

Beispiele:

Mainacht, Ouvertüre [13].

Weihnachtsnacht [1].

Sniegurotschka [86].

Der Wojewode [37].

Nr. 73. *Antar* [40].

Die Melodien, welche chromatische und enharmonische Elemente enthalten, eignen sich viel weniger für die Blechinstrumente. Doch sind die Fälle solcher Zuteilung nicht selten, besonders in der Musik Wagners und (dieser Fall ist ein bedauernswerter Mißbrauch) in der Orchestration der modernen italienischen Komponisten (Veristen). Die energischen Fanfaren-Sätze, welche auch chromatische Noten enthalten, klingen doch bei den Blechinstrumenten apart und schön.

Beispiele:

Nr. 74. *Sheherazade*, 2. Satz [D].

Im allgemeinen sind es die Leidenschaft und Herzlichkeit, welche am wenigsten entsprechenden Ausdruck bei den Blechinstrumenten finden, die ihnen eine affektierte Weichheit und Geschmacklosigkeit verleihen. Die Kraft und Energie (zurückgehaltene oder freie) dagegen und die Einfachheit der Sprache — sind die hauptsächlichen und unschätzbaren Eigenschaften dieser Gruppe.

Blechinstrumente im Einklang, in Oktaven, Terzen und Sexten.

Da die Anwendung der Blechinstrumente vom Standpunkte des Ausdrucks (durch den Charakter der Instrumente selbst) kleinere Anforderungen voraussetzt, so kann man die Instrumente derselben Gattung ebensogut im Einklang vereinigen, wie sie solo spielen lassen. Die Verbindung von drei Posaunen *unisono* ebenso wie von 4 Hörnern ist sehr häufig; sie gibt dem Klange der vereinigten Instrumente eine äußerste Fülle und Kraft.

Beispiele:

Sniegurotschka [5] — 4 Hörner (vgl. Beisp. 15).

Sniegurotschka [199] — 4 Hörner und 2 Trompeten.

Sadko [175] — 1, 2, 3 Trompeten.

Nr. 75. *Sadko* [305] [1]) — 3 Posaunen.

Nr. 76. *Die Mainacht*, Anfang des 3. Akts — 1, 2, 3, 4 Hörner.

Kitesh, Ende des 1. Akts — 4 Hörner (vgl. Beisp. 70).

Nr. 77. *Sheherazade*, 4. Satz, Seite 204 — 3 Posaunen.

Mlada, litauischer Tanz — 6 Hörner (vgl. Beisp. 61).

Auf Grund der Gleichheit der Klangfarben, wie oben erwähnt ist, — der Klangkraft aller Repräsentanten der Gruppe und der regulären Gradation von den dunklen Farben in der Tiefe zu den leuchtenden in der Höhe, — ist die Verwendung der Blechinstrumente derselben Gattung in Oktaven, Terzen oder Sexten immer von gutem Erfolge. Aus demselben Grunde ist die Anwendung verschiedener Instrumente nach der normalen Höhenordnung, wie z. B.

Tr-ba	Tr-ba	Tr-bone	2 Tr-boni	2 Tr-be	2 Corni
2 Corni	Tr-bone	Tuba	Tr-bone + Tuba	2 Tr-boni	Tuba

verdoppelt oder einfach immer von sehr gutem Klang. Ferner kann man — um einen Grad weniger gut — die Kombination in Oktaven zwischen Hörnern und Posaunen empfehlen:

$$\left.\begin{array}{l}2\ \text{Corni}\\1\ \text{Tr-bone}\end{array}\right]8 \quad \text{oder} \quad \left.\begin{array}{l}4\ \text{Corni}\\2\ \text{Tr-boni}\end{array}\right]8.$$

---

[1]) Der Komponist hat in der Partitur folgende Veränderungen gemacht: vom 5. bis zum 9. Takt nach [305] und auch vom 5. bis 9. Takt nach [306] muß man die II. und III. Klarinette *unisono* mit der I. lesen; die Trompete spielt *f* und nicht *ff*. Im Beispiele 75 ist die erste dieser Stellen auf diese veränderte Weise dargestellt.   (Anm. d. Red.)

Beispiele:

Sadko, vor 120 — Tr-ba / Tr-ba 8.

Sadko 5 — 2 Tr-be / 4 Corni 8.

Sniegurotschka 222 — 2 Tr-boni / Tr-bone + Tuba 8.

Pskovitianka, 3. Akt 10 — 1 Tr-bone + Tr-ba / 2 Tr-boni 8 (vgl. Beisp. 38).

Der goldene Hahn 125 — Tr-ba / Tr-bone 8.

Vgl. auch *Sniegurotschka* 325—326 — Tr-bone / Tr-bone 8 (Beisp. 95).

Die Melodie bei Instrumenten verschiedener ver=einigter Gruppen.

A. Vereinigung der Holz- und Blechblasinstrumente im Einklang.

Die Verbindung eines Holzblasinstruments mit einem Blechinstrument ergibt einen gemischten Klang, bei dem die Farbe des Bleches vorherrscht. Es ist ein gewiß viel stärkerer Klang als der Klang jedes einzelnen, aber zur selben Zeit weicher als der Klang des Blechinstruments alleine.

Die Farbe der Holzblasinstrumente schmilzt im Klange der Blechinstrumente. Sie gibt ihm eine Weichheit, aber verdünnt ihn gewissermaßen, auf ähnliche Weise, wie wir es bei der Fusion zweier Holzblasinstrumente schon bemerkt haben. Die Beispiele dieser Art Verdoppelungen der melodischen Linie sind ziemlich häufig, besonders im *forte.* Am meisten verdoppelt man die Trompete: Tr-ba + Clar., Tr-ba + Ob., Tr-ba + Fl., ebenso wie: Tr-ba + Clar. + Ob. + Fl. Die Verdoppelung der Hörner ist seltener: Cor. + Clar., Cor. + Fag. Man verdoppelt auch die Posaunen und Tuba: Tr-bne + Fag., Tuba + Fag. Die Verbindung der Klangfarben des Englischhorns, der Baßklarinette und des Kontrafagotts mit Blechinstrumenten entsprechender Höhenlage ergibt dieselben Klangeigenschaften.

Beispiele:

Kitesh 56 — Tr-ba + Cor. ingl.

** Mlada,* 3. Akt, vor 34 — 3 Tr-bni + Clar. basso.

Die Verbindung im Einklang eines Holz- und eines Blechblasinstruments gibt der Melodie gewöhnlich mehr *legato*, als wenn das Blechinstrument allein spielt.

B. Vereinigung der Holz- und Blechblasinstrumente in Oktaven.

Die Verdoppelung der Hörner in Oktaven durch Trompeten, wie z. B.

$$\left.\begin{array}{l}\text{1 Tr-ba}\\\text{1 Cor. (oder 2 Cor.)}\end{array}\right]\,8$$

wird ziemlich oft durch die Verdoppelung mit Klarinetten, Oboen oder Flöten ersetzt, wenn man der oberen Oktave Weichheit geben will, welche die Trompete nicht besitzt. Wenn nur ein Horn gebraucht wird, so gibt man der höheren Oktave 2 Klarinetten, 2 Oboen oder 2 Flöten. Wenn aber die untere Oktave von 2 Hörnern gespielt wird, so muß man in die obere drei oder vier Holzbläser setzen, besonders im *forte*.

$$8\left[\begin{array}{l}\text{2 Ob., oder 2 Clar., oder 2 Fl.}\\\text{1 Cor.}\end{array}\right. \text{auch} \left.\begin{array}{l}\text{1 Ob.} + \text{1 Clar.}\\\text{1 Cor.}\end{array}\right]8; \left.\begin{array}{l}\text{2 Fl.} + \text{2 Clar.}\\\text{2 Cor.}\end{array}\right]8.$$

Um eine Trompete eine Oktave höher zu verdoppeln, muß man möglichst drei oder vier Holzbläser anwenden; nur wenn man in der hohen Lage ist, so kann man sich mit 2 Flöten begnügen.

Man muß es zu vermeiden suchen, Posaunen eine Oktave höher durch Holzbläser zu verdoppeln. Zu diesem Zwecke sind die Trompeten vorzuziehen.

Beispiele der Verdoppelung in Oktaven.

* *Sniegurotschka* ⟦71⟧ — $\left.\begin{array}{l}\text{Ob.} + \text{Clar.}\\\text{Cor.}\end{array}\right]8.$

* *Legende vom Zaren Saltan*, vor ⟦180⟧ — $\left.\begin{array}{l}\text{Ob.} + \text{Clar.}\\\text{Ob.} + \text{Clar.}\\\text{Cor.}\\\text{Cor.}\end{array}\right.\begin{array}{l}6\\6\end{array}\right]8.$

*Das Fortschreiten in Oktaven gemischter Klangfarben (Holz und Blech) soll hier auch erwähnt werden.

Beispiele:

Mlada. 3. Akt, Anfang der III. Szene — $\dfrac{\text{Tr-bone} + \text{Clar. basso}}{\text{Tuba} + \text{C-Fag.}}\Big]$ 8.

Nr. 78. *Mlada,* 3. Akt, nach $\boxed{25}$ — $\dfrac{\text{2 Clar.} + \text{2 Cor.} + \text{Tr-bna}}{\text{Clar. basso} + \text{2 Cor.} + \text{Tr-bna}}\Big]$ 8
(in tiefer Lage).

Nr. 79. *Mlada,* 3. Akt, vor $\boxed{35}$ — Alle *unisono.*

Wenn man die Melodie in drei oder vier Oktaven setzen will, so ist es nicht leicht, eine ausgeglichene Disposition zu treffen. Für die oberste Stimme wird eine kleine Flöte oder zwei große, ohne Oboen oder Klarinetten am Platze sein.

Beispiele:

*_Sheherazade,_ 4. Satz, 15. Takt, nach $\boxed{W}$ — $\begin{array}{l}\text{Fl. picc.}\\ \text{2 Fl.} + \text{2 Ob.}\\ \text{2 Tr-be}\end{array}\begin{array}{l}]\,8\\ ]\,8.\end{array}$

*_Legende vom Zaren Saltan_ $\boxed{228}$ — $\begin{array}{l}\text{Fl. picc.}\\ \text{2 Fl.} + \text{2 Ob.}\\ \text{Tr-ba} + \text{C. ingl.}\end{array}\begin{array}{l}]\,8\\ ]\,8.\end{array}$

C. Vereinigung der Streicher mit den Holzbläsern.

Als Ausgangspunkt bei der Prüfung dieses Abschnittes — der Ausgangspunkt bleibt derselbe, ob es sich um die Melodie, die Harmonie, die Figuration oder Polyphonie handelt — halte ich es für notwendig, die folgenden grundlegenden Prinzipien aufzustellen.

Jede Verbindung, jede Verdoppelung zwischen Streichern und Holzbläsern ist gut. Ein Holzblasinstrument, das mit einem Streichinstrument im Einklang fortschreitet, verstärkt den Klang des letzteren und gibt ihm mehr Fülle, und die Klangfarbe des Streichinstruments macht den Ton des Holzblasinstruments weicher. Der Charakter des Streichinstruments wird vorherrschen, wenn die gegenseitigen Kräfte der beiden gleichbedeutend sind: z. B. wenn eine der Violinstimmen durch eine Oboe, oder die Cellostimme durch ein Fagott verdoppelt ist. Wenn viele von den Holzbläsern im Einklang mit einer der Streicherstimmen spielen, so werden sich die ersten zum Nachteil der zweiten verstärken. Im allgemeinen vermindern die Verbindungen den Charakter jedes einzelnen Instruments, wobei die Holzbläser mehr als die Streicher einbüßen.

Verdoppelung im Einklang.

Die besten und natürlichsten Verbindungen sind die zwischen solchen Instrumenten, deren Höhenlagen gleich oder entsprechend sind:

Viol. + Fl. (Fl. c-alto, Fl. picc.), Viol. + Ob., Viol + Clar. (Clar. picc.);
Viole + Ob. (Cor. ingl.), Viole + Clar., Viole + Fag.;
V-celli + Clar. (Cl. basso), V-celli + Fag.;
C-bassi + Cl. basso, C-bassi + Fag., C-bassi + C-Fag.

Diese Verbindungen werden angewandt: a) um eine neue bestimmte Klangfarbe zu erreichen; b) um die Kraft der Streicher zu heben; c) um den Ton der Holzbläser weicher zu machen.

Beispiele:

Sniegurotschka [5] — V-celli + V-le + Cor. ingl. (vgl. Beisp. 15).

„ [28] — V-le + Ob. + Cor. ingl.

„ [116] — Viol. I + II + Ob. + Clar.

„ [288] — Viol. I + II + V-celli + Cor. ingl.

(vgl. Beisp. 17).

Nr. 80. *Mainacht*, 3. Akt [Bb] — V-le + Clar.

Nr. 81. *Sadko* [311] — Viol. + Ob.

Nr. 82. „ [77] — V-le + Cor. ingl.

Nr. 83. „ [123] — V-le + Cor. ingl.

Servilia [59] — Viol. sul *G* + Fl.

Nr. 84. *Legende vom Zaren Saltan* [30], 10. Takt — V-celli + V-le + 3 Clar. + Fag.

„ „ „ „ [30] — Viol. I + II + 2 Clar.

„ „ „ „ [156—159] — Viol. abgerissen + Fl. *legato.*

Die Zarenbraut [10] — V-le + V-celli + Fag.

Antar, 4. Satz [63] — V-celli + 2 Fag.

Sheherazade, 3. Satz [H] — V-le + Ob. + Cor. ingl.

Stimmen in Oktaven verdoppelt.

Die Fälle, in denen die Streicher in Oktaven fortschreiten und auch in Oktaven durch Holzbläser verdoppelt sind, finden sich in großer Zahl und bedürfen nicht einer besonderen Erklärung: dieses Verfahren entspringt den oberen Grundsätzen. Nachstehend Beispiele von Melodien in Oktaven, auch in zwei, drei und vier Oktaven:

Beispiele:

Nr. 85. *Pskovitianka*, Anfang der Ouverture —
$$\left.\begin{array}{l}\text{Viol. I} + \text{II} + 2\,\text{Clar.} \\ \text{V-le} + \text{V-celli} + 2\,\text{Fag.}\end{array}\right]\,8.$$

Nr. 86. *Sadko* $\boxed{3}$ — $\left.\begin{array}{l}\text{V-celli} + \text{Cl. basso} \\ \text{C-bassi} + \text{C-fag.}\end{array}\right]\,8.$

Sadko $\boxed{166}$ — $\left.\begin{array}{l}\text{V-celli} + \text{Fag.} \\ \text{C-bassi} + \text{C-fag.}\end{array}\right]\,8.$

„ $\boxed{235}$ — $\left.\begin{array}{l}\text{V-le} + 2\,\text{Clar.} \\ \text{V-celli} + \text{C-bassi} + 2\,\text{Fag.}\end{array}\right]\,8.$

Die Zarenbraut $\boxed{14}$ — $\left.\begin{array}{l}\text{V-celli} + \text{Fag.} \\ \text{C-bassi} + \text{Fag.}\end{array}\right]\,8.$

„ „ $\boxed{81}$ — $\left.\begin{array}{l}\text{Viol. I} \\ \text{Viol. I}\end{array}\text{div.}\begin{array}{l}+\text{Fl.} \\ +\text{Ob.}\end{array}\right]\,8.$

„ „ $\boxed{166}$ — $\left.\begin{array}{l}\text{Viol. I} + \text{Fl.} \\ \text{Viol. II} + \text{Ob.}\end{array}\right]\,8$ (vgl. Beisp. 22).

In drei und vier Oktaven:

Servilia $\boxed{93}$ — $\begin{array}{l}\left.\begin{array}{l}\text{Viol.} + 3\,\text{Fl.} \\ \text{V-le} + 2\,\text{Ob.}\end{array}\right]\,8 \\ \text{V-celli} + 2\,\text{Fag.}\end{array}]\,8.$

Nr. 87. *Kaschtschei* $\boxed{105}$ — $\begin{array}{l}\text{Viol. I} + \text{Fl. picc.} \\ \left.\text{Viol. II} + \text{Fl.} + \text{Ob.}\right]\,8 \\ \text{V-le} + \text{V-celli} + 2\,\text{Clar.} + \text{C. ingl.} + \text{Fag.}]\,8.\end{array}$

Sheherazade, 3. Satz $\boxed{M}$ — $\begin{array}{l}\text{Viol. I} + \text{Fl.} \\ \left.\text{Viol. II} + \text{Ob.}\right]\,8 \\ \text{V-celli} + \text{Cor. ingl.}]\,8.\end{array}$

Beispiele von Melodien in Terzen und Sexten.

Servilia $\boxed{44}$ — $\left.\begin{array}{l}\text{Fl.} + \text{Ob.} + \text{Clar.} + \text{Viol.} \\ \text{Fl.} + \text{Ob.} + \text{Clar.} + \text{Viol.}\end{array}\text{div.}\right]\,3.$

Nr. 88. *Servilia* $\boxed{111}$ — Streicher und Holzbläser in Terzen.

Nr. 89. „ $\boxed{125}$ — Dasselbe in Terzen und Sexten.

Kaschtschei $\boxed{90}$ — Dieselbe Kombination.

Man muß die Aufmerksamkeit auf den Fall besonders richten, in dem zwei Stimmen in Oktaven schreiten und eine davon verdoppelt ist. Wenn solche Kombination in der Höhenlage des Soprans vorkommt, so ist es besser, die Holzbläser in Oktaven fortschreiten zu lassen und die untere Stimme durch einen der Streicher zu verdoppeln, z. B.: $\left.\begin{array}{l}\text{Fl. picc.} \\ \text{Fl.} + \text{Viol.}\end{array}\right]\,8,\ \left.\begin{array}{l}\text{Fl.} \\ \text{Ob. (Clar.)} + \text{Viol.}\end{array}\right]\,8.$

Beispiele:

Legende vom Zaren Saltan $\boxed{102}$ — $\left.\begin{array}{l}2\,\text{Fl.} + \text{Fl. picc.} \\ \text{Viol. I} + \text{II} + \text{Ob.}\end{array}\right]\,8$

(vgl. Beisp. 133).

Nr. 90. Sheherazade, 4. Satz $\boxed{U}$ — $\left.\begin{array}{l}2\,\text{Clar.} \\ \text{V-celli} + 2\,\text{Cor.}\end{array}\right]\,8.$

Für Melodien in der Baßlage, oder wenn man der Baßstimme in Oktaven einen weichen Klang geben will, ist es vorzuziehen, die V-celli und C-bässe in Oktaven fortschreiten zu lassen, indem man die Stimme des Violoncellos durch ein Fagott verdoppelt, den C-baß aber unverdoppelt läßt: $\left.{}^{\text{V-celli}}_{\text{C.-bassi}} + \text{Fag.}\right] 8$. Oft ist man gezwungen, so zu verfahren, wenn das Orchester kein Kontrafagott hat, weil die Lage des Kontrabasses sehr tief ist[1].

Beispiel:

Nr. 91. *Legende vom Zaren Saltan* 92 — $\left.{}^{\text{V-le} + \text{Fag.}}_{\text{V-celli} + \text{Fag.}}\right] 8$ $\left.{}_{\text{C-bassi}}\right] 8.$

D. Vereinigung der Streicher mit den Blechinstrumenten.

Die große Ungleichheit zwischen den Klangfarben der Streicher und des Bleches bringt es mit sich, daß ihre Verbindung nicht dieselbe Verschmelzung des Klanges hervorbringen kann wie die Verbindung zwischen Streichern und Holzbläsern. Wenn ein Blechinstrument mit einem Streicher im Einklang spielt, so hören wir jedes Instrument für sich und haben nicht den Eindruck einer gemischten, zusammengesetzten Klangfarbe. Doch sind solche Instrumente beider Gruppen am besten zu vereinigen, die genau dieselbe Höhenlage haben: z. B. Viol. + Tr-ba; Viole + Corno; ${}^{\text{V-celli}}_{\text{C-bassi}} + {}^{\text{Tr-boni}}_{\text{Tuba}}$ (für massive und umfangreiche Effekte).

Die Verbindung von Violoncelli und Hörnern ist von schöner Wirkung und sehr gebräuchlich, sie gibt auch eigentlich eine gemischte, weiche Klangfarbe.

Beispiele:

Legende vom Zaren Saltan 29 — Viol. I + II + Cor.

Nr. 92. Der goldene Hahn 98 — V-le *con sord.* + Cor.

---

[1] Das Verfahren, bei welchem die Streicher in Oktaven durch die Holzbläser verdoppelt sind, z. B. $\left.{}^{\text{Fl.}}_{\text{Viol.}}\right] 8$, $\left.{}^{\text{Ob.}}_{\text{V-celli}}\right] 8$, welches von den Klassikern zur Gleichheit des Klanges angewandt wurde, ist wenig zu empfehlen, weil die Klangfarben dieser beiden Gruppen nicht gleich sind. In der letzten Zeit, in der sich eine übermäßige Tendenz zur Farbe bemerkbar macht, ist dieses Verfahren wieder zum Vorschein gekommen (z. B. in den Partituren der jungen französischen Komponisten). (Anm. d. Red.)

E. Vereinigung der drei Gruppen.

Die Verbindung im Einklang der Vertreter aller drei Gruppen ist gebräuchlicher als die vorige, weil die Beimischung der Holzbläser eine Klangfarbe bedingt, die als mehr gemischt, voll, einheitlich und ineinandergeschmolzen gelten kann. Nach der Zahl der teilnehmenden Instrumente jeder Gruppe wird sich auch die Klangfarbe als vorherrschend ergeben. Die meist gebräuchlichen· und natürlichsten Kombinationen sind folgende: Viol. + Ob. (Fl., Clar.) + Tr-ba; V-le (oder V-celli) + Clar. (C. ingl.) + Corno; $\frac{\text{V-celli}}{\text{C-bassi}}$ + 2 Fag. + 3 Tr-boni + Tuba.

Man gebraucht solche Zusammensetzungen meist im *forte* oder in einem dicken und massiven *piano*.

Beispiele:

Nr. 93—94. *Sniegurotschka* 218 und 219 — Viol. I + II + Clar. + Cor. und Viol. I + II + Clar. + Tr-ba.

Servilia 168 — $\begin{array}{l}\text{V-le} + \text{Tr-bni} \\ \text{V-celli} + \text{Tr-bne} + \text{Cl-basso} \\ \text{C-bassi} + \text{Tuba} + \text{Fag.}\end{array}\Big]\begin{array}{l}8\\8\end{array}$ (vgl. Beisp. 62).

Nr. 95. *Sniegurotschka* 325 — $\begin{array}{l}\text{V-celli} + \text{V-le} + \text{Fag.} + \text{Tr-bne} \\ \text{C-bassi} + \text{Fag.} + \text{Tuba}\end{array}\Big]$ 8.

Der Wojewode 224 — Viol. + Fag. + Cor., auch Viol. + Clar. + Tr-ba (Blech gestopft).

* *Mlada*, 3 Akt, nach 23 — V-le + 2 Clar. + Tr-ba c-alta.

* Nr. 96. *Pskovitianka*, 3. Akt, vor 66 —

$\begin{array}{l}\text{Cl.-basso} + \text{Corno} \\ \text{C-bassi} + \text{C-Fag.} + \text{Tuba}\end{array}\Big]$ 8.

* *Pskovitianka*, Ouvertüre, 4. Takt nach 9 — V-le + V-celli + Cor. ingl. + 2 Clar. + Cl.-basso + 2 Fag. + 4 Cor. (bei den Hörnern ist die Melodie vereinfacht).

Drittes Kapitel.

Harmonie.

Allgemeine Betrachtungen.

Die Kunst der Orchestration erfordert eine ausgeglichene und schöne Disposition der Akkorde, welche das harmonische Gewebe bilden. Außerdem, um eine zufriedenstellende Klangwirkung zu erzeugen, sind unbedingt Klarheit, Korrektheit und reine Stimmführung notwendig. Es wird niemals eine zufriedenstellende Klangwirkung dort vorhanden sein, wo die Fortschreitung der Stimmen schlecht oder fehlerhaft ist.

Anmerkung. Manche halten die Orchestration bloß für eine Kunst, Instrumente und Klangfarben auszusuchen, und denken, — wenn ein Stück schlecht klingt, — daß das nur von der schlechten Wahl der Instrumente und Klangfarben abhängt. Oftmals ist das schlechte Klingen nur von der schlechten Stimmführung abhängig; ein solches Stück wird nie gut klingen, ganz abgesehen davon, was man für Instrumente benutzt. Und umgekehrt wird es oft vorkommen, daß da, wo der Satz und die Akkorde gut gesetzt und die Stimmen korrekt geführt sind, — immer eine gute Klangwirkung sich einstellen wird, ganz gleich, ob man die Stelle von Streichern, Holz- oder Blechinstrumenten spielen läßt.

Der Instrumentator muß sich die harmonische Konstitution des Stückes, welches er orchestrieren will, genau vorstellen. Wenn in der Skizze Zweifel in bezug auf die Zahl oder auf das Fortschreiten der harmonischen Stimmen vorliegen, muß er zuerst diese in Ordnung bringen. Es ist auch zu bemerken, daß es für ihn unbedingt notwendig ist, ein klares Verständnis für die musikalische Wortführung (Syntax) zu haben, ebenso wie für die Qualitäten der musikalischen Elemente, aus denen die Form eines Stückes entsteht: Motiv, Phrase, Satz, und daß er auch genau die

Art und Grenzen dieser Elemente unterscheiden muß. Jeder Übergang von einer harmonischen Schreibart zur andern, z. B. von einer vierstimmigen zu einer dreistimmigen oder von einer fünfstimmigen zum Einklang usw., muß mit einem Übergang zu einem Motiv, einer Phrase oder einem Satz zusammenfallen. Wenn das nicht der Fall ist, so kann der Instrumentator auf eine Anzahl unüberwindlicher Schwierigkeiten stoßen. Zum Beispiel, wenn im Laufe eines Satzes, der vierstimmig geschrieben ist, ein Akkord mit fünf Stimmen vorkommt, so müßte ein neues Instrument hinzukommen, um gerade diese fünfte Note zu geben, und das könnte den Klang des Akkordes verändern, eine gute Auflösung einer Dissonanz unmöglich machen oder die korrekte Fortführung der harmonischen Stimmen verhindern.

Die Zahl der harmonischen Stimmen. — Verdoppelungen.

Durch die Natur der Sache selbst ist die Harmonie in den meisten Fällen vierstimmig, wie für einzelne Akkorde und eine Reihe von Akkorden, so auch für eine Disposition einer harmonischen Grundlage. Eine Harmonie, die auf den ersten Blick aus 5, 6, 7 und 8 Stimmen zu bestehen scheint, ist gewöhnlich aus Zusatzstimmen gebildet, die sich den Haupt- und wesentlichen Stimmen angliedern. Diese Zusatzstimmen sind nichts anderes als Wiederholung oder Verdoppelung in der Nachbaroktave einer oder mehrerer der drei oberen Stimmen der wirklichen vierstimmigen Harmonie, da der Baß nur in der tiefergelegenen Oktave verdoppelt werden kann. Ich erkläre das durch die nachfolgenden schematischen Beispiele:

A. Enge Lage.

B. Weite Lage.

Anmerkung. In der weiten Lage kann man nur den Sopran und Alt verdoppeln. Die Verdoppelung des Tenors ist zu vermeiden, weil sie eine enge Lage hervorbringt. Die Verdoppelung des Basses in der Oktave (in weiter Lage) macht den Eindruck von Schwere.

Die Baßstimme soll sich niemals mit den anderen vermischen:

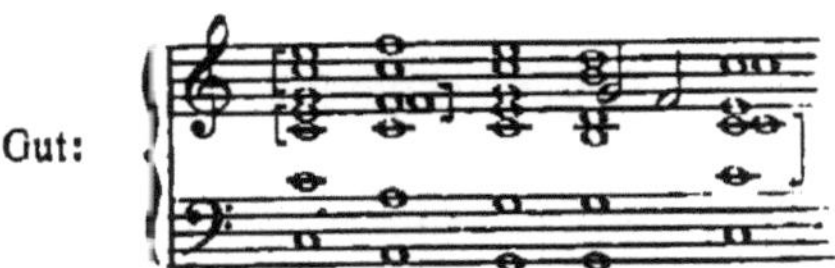

Die Verdoppelungen können nur teilweise sein, weil das die Entfernung des Basses von den anderen drei Stimmen bedingt:

Anmerkung. Die Einklänge, welche von den korrekten Verdoppelungen entstehen, soll man nicht zu vermeiden suchen, obgleich die Klangwirkung nicht ganz gleich sein wird; in solchen Fällen wird unser Ohr durch gute Stimmführung befriedigt.

Die nacheinander folgenden Oktaven, welche die oberen Stimmen einfassen, wie im folgenden Beispiel, sind sorgfältig zu vermeiden:

Die Nacheinanderfolge von Quinten, welche sich beim Fortschreiten der drei oberen Stimmen in Sextakkorden ergibt, hat keine Bedeutung:

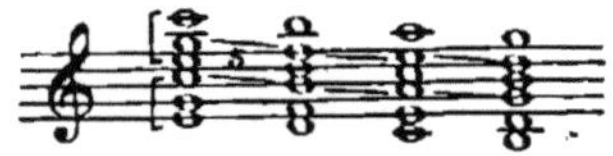

Der Baß einer Umkehrung des Dominant-Septimenakkords darf niemals von einer oberen Stimme verdoppelt werden:

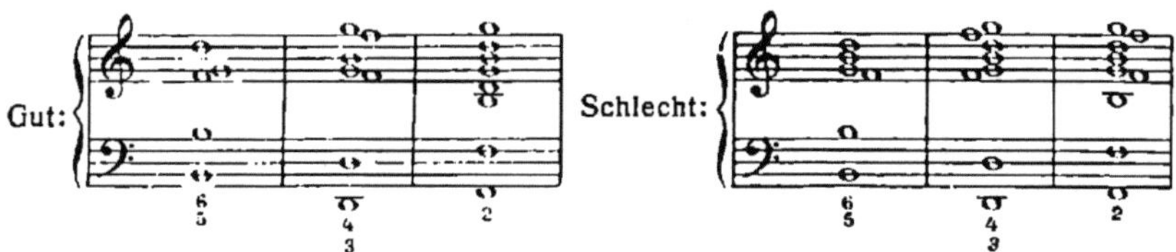

Dasselbe muß auch bei anderen Septimen- (auch verminderten Septimen-) Akkorden beobachet werden:

Die Regeln der Harmonie in Bezug auf ausgehaltene oder Pedaltöne werden in vollem Umfange auch bei der Orchesterschreibart beibehalten. Was die Hilfsnoten, durchgehende und Wechselnoten anbelangt, so sind mehr gewagte Kombinationen möglich, wenn die Klangfarben verschieden sind und die Bewegung rasch ist:

Wie im folgenden Beispiele, kann zu gleicher Zeit eine gewisse
Figuration und ihr vereinfachtes Equivalent fortschreiten:

Pedaltöne oder ausgehaltene, oben und in der Mitte, sind im
Orchester dank der verschiedenen Klangfarben viel besser als
beim Klavier oder bei Kammermusik:

In den Partiturbeispielen wird man zahlreiche Fälle von Anwendung eines solchen Verfahrens finden.

Disposition der Akkorde.

Die normale Ordnung der Töne oder Naturtonleiter:

kann als Muster der Disposition der Akkorde im Orchester
gelten: man wird daraus ersehen, daß die großen Intervalle der
tiefen Lage zustehen und daß die enge Disposition ihre Anwendung mehr und mehr erreicht, je höher man kommt:

Der Baß kann nur in Ausnahmefällen weiter als eine Oktave von der nächstliegenden höheren Stimme liegen (harmonischer Tenor). Der Mangel der harmonischen Töne bei den oberen Stimmen ist zu vermeiden:

Zu vermeiden:

Sexten bei den oberen Stimmen und Verdoppelung in der Oktave des oberen Tones können manchmal gut sein:

Wenn die gute Stimmführung es erfordert, daß die obere Stimme von den übrigen des Akkords sich entfernen soll (wie z. B. von der 5. zu der 6. Stufe), so ist das kein Anlaß zu Bedenken:

Gut:

Es wäre im Gegenteil sehr schlecht, Füllstimmen diesem Akkord der 6. Stufe beizufügen:

Nicht gut:

Das Obengesagte zeigt, daß die Disposition der mittleren Stimmen in dem orchestralen Gewebe von größter Wichtigkeit ist. Nichts ist schlechter als Akkorde, in denen die oberen Stimmen von dem Baß durch große leere Intervalle getrennt sind, besonders im *forte* (doch kann man solche Disposition im äußersten Falle im *piano* anwenden). Deswegen ist es notwendig, bei entgegengesetzter Bewegung, wenn die oberen Stimmen sich vom Basse entfernen, neue Stimmen in die Mitte einzuschalten:

Beispiel (schematisch):
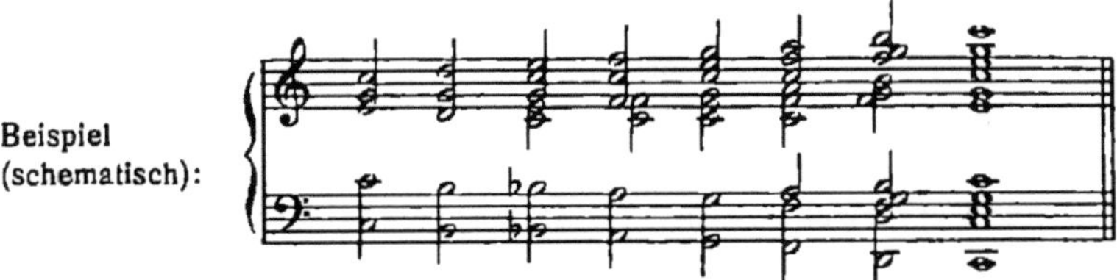

und umgekehrt: wenn die oberen Stimmen sich dem Basse nähern, wird man auch nach und nach die mittleren Stimmen auslassen müssen:

Beispiel (schematisch):

Die Harmonie bei den Streichern.

Es ist ohne Zweifel, daß die Klangstärken der verschiedenen Stimmen der Harmonie ausgeglichen sein müssen. Das absolut Ausgeglichene wird aber weniger in den kurzen und abgerissenen Akkorden zum Vorschein kommen als in den gezogenen und gebundenen. Die Untersuchung wird jeden Fall für sich behandeln. Im ersten Falle kann man, um die Zahl der harmonischen Stimmen zu vergrößern, Doppel-, Tripel- und Quadrupelgriffe anwenden, im zweiten sind aber nur die Doppelsaiten und die Teilung (*divisi*) möglich.

A. Kurze Akkorde. Die Tripel- und Quadrupelgriffe oder drei- und vierstimmige Akkorde können bei den Streichern nur kurz gespielt werden.

Anmerkung. Es ist bekannt, daß die zwei oberen Noten des Akkords dieser Art ausgehalten und gezogen werden können. Das ist ein ziemlich komplizierter Fall, und für den Augenblick lasse ich ihn beiseite.

Die kurzen Akkorde *arco* klingen gut nur im *forte* (*sf*), und fast nur dann, wenn sie von Bläsern unterstützt sind. Für die Ausführung durch die Streicher der kurzen Akkorde in doppelten, dreifachen und vierfachen Klängen ist die Gleichheit der Verteilung und die richtige Stimmführung nicht so wichtig; was aber an erster Stelle zu beachten ist, das sind: die Leichtigkeit der Ausführung und der Klang. Die Griffe solcher Noten, die auf glatten (nicht umsponnenen) Saiten liegen, sind wegen ihrer größeren Klangkraft vorzuziehen. Die ganze Disposition eines Akkords auf vielen Saiten ist gewöhnlich auf die ersten und zweiten Geigen und Bratschen verteilt, wobei die verschiedenen Noten so gesetzt sind, daß sie den Anforderungen der Leichtigkeit der Ausführung und der Klangkraft genügen. Da die Lage des Violoncellos tiefer ist, so sind für dieses Instrument auf Grund der früher erwähnten allgemeinen Ursachen Akkorde auf vielen Saiten seltener zu verzeichnen; meistens führt es zusammen mit den Kontrabässen die unteren Noten der Akkorde. Es ist sehr selten, daß dem Kontrabaß Akkorde auf zwei, drei oder vier Saiten zugeteilt werden, aber dieses Instrument könnte sehr gut solche Oktaven ausführen, bei denen eine unbesponnene Saite im Spiele ist.

Beispiele:

Nr. 97. *Sniegurotschka* [171]; vgl. auch vor [140] und vor [200].

** Capriccio Espagnol*, vor [V] (vgl. Beisp. 67).

Sheherazade, 2. Satz [P] (vgl. Beisp. 19).

*Nr. 98. *Legende vom Zaren Saltan* [135]; vgl. [141] und vor [182].

Oft schließen sich einzelne Akkorde einer melodischen Linie in der oberen Stimme an und verstärken durch ein *sforzando* gewisse harmonische Momente.

Beispiel:

Nr. 99. *Sniegurotschka*, vor [126]; vgl. auch [326].

B. Ausgehaltene Akkorde und *Tremolando*. Mehr oder weniger lang gehaltene oder ausgedehnte Akkorde, anstatt deren oft *tremolandi* gesetzt werden, erfordern eine Gleichheit in der Verteilung der sonoren oder Klang-Kraft. Wenn man als feststehend betrachtet, daß die Stimmen der Streicher, wenn sie in normaler Höhenordnung geschrieben sind, einander an Klangkraft gleich sind (vgl. Kap. I), so ist es klar, daß ein vierstimmiger Satz in enger Lage (der Baß in Oktaven) klanglich genügend einheitlich sein wird. Wenn die oberen Stimmen von dem Baß weiter entfernt werden, so wird es notwendig sein, neue Noten in die leer gewordene mittlere Lage einzufügen (vgl. oben). Man wird dazu doppelte Noten bei den Geigen oder den Bratschen (oder auch bei beiden zu gleicher Zeit) verwenden müssen. Die Teilung (*divisi*) wird man dabei zu vermeiden suchen, weil ein Akkord, bei dem die einen Stimmen geteilt sind, die anderen aber nicht, — keinen homogenen Klang besitzt. Im Gegenteil, wenn in einem Ensemble zu sechs oder sieben Stimmen alle Streicher auf gleiche Art geteilt sind, wird die Gleichheit ohne Zweifel vorhanden sein, z. B.:

$$
\text{div.} \begin{cases} \text{Viol. I} \\ \text{Viol. I} \end{cases}
$$

$$
\text{div.} \begin{cases} \text{Viol. II} \\ \text{Viol. II} \end{cases}
$$

$$
\text{div.} \begin{cases} \text{V-le I} \\ \text{V-le II} \end{cases}
$$

Wenn die Harmonie der drei oberen Stimmen auf diese Weise den geteilten Instrumenten gegeben ist, so wird der Baß, welchen die ungeteilten V-celli und C-bässe führen, etwas schwer erscheinen. Man wird dieses damit umgehen können, daß man den V-celli und C-bässen die dynamischen Nuancen um einen Grad kleiner gibt oder die Zahl der Spieler vermindert.

In den ausgehaltenen und *tremolando*-Akkorden im *forte* mit doppelten Noten ist die Stimmführung nicht immer regelrecht: man wählt im Gegenteil solche Intervalle, die den Spielern am bequemsten sind.

Beispiele:

Nr. 100. *Weihnachtsnacht* [161] — alle *divisi*.

Nr. 101.   „   [210] — V-le div. ⎫ vierstimmige Harmonie.
                                          V-celli div. ⎭

Nr. 102. *Sniegurotschka* [187—188] — vierstimmige Harmonie:
                                               Viol. I, II, V-le, V-celli.

      „   [243] — 4 V-celli soli *divisi*.

Sheherazade, 2. Satz, Anfang. — 4 C-bässe soli div. (vgl. Beisp. 40).

Die Zarenbraut [179] — Akkorde bei allen Streichern (vgl. Beisp. 243).

Nr. 103. *Kitesh* [8] — Harmonischer Grund bei den Streichern.

„ [240] (vgl. Beisp. 21).

„ [283] — Harmonischer Grund bei den Streichern. (vgl. Beisp. 2).

Nr. 104. *Der goldene Hahn* [4] — Harmonischer Grund bei den Streichern.

„ „ „ [125] — Wankender Rhythmus, als Grund bei den Streichern (vgl. Beisp. 271).

Wenn im *forte* oder *sfp* eine oder zwei obere Noten der Drei- und Viersaitengriffe bei jedem Instrument ausgehalten werden (liegende Noten oder *tremolando*), so muß man auch das Gleichgewicht, wie im nächsten Beispiele, beibehalten:

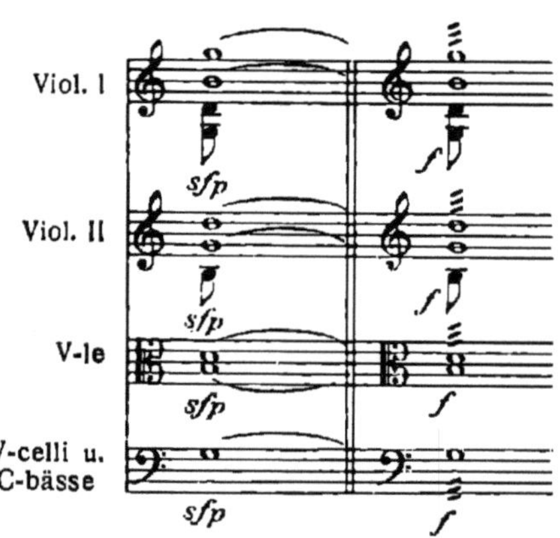

Die Harmonie bei den Holzbläsern.

Bevor ich diesen Abschnitt beginne, will ich den Leser noch einmal an die allgemeinen Grundsätze erinnern, die zu Anfang dieses Kapitels dargelegt sind.

Das harmonische Gewebe in einfachen Akkorden oder mit Figuration, in homophonen oder polyphonen Perioden, muß zuerst klanglich gleichmäßig verteilt sein. Man erreicht das auf folgende Weise:

1. Die Instrumente, welche die Akkorde bilden, müssen dauernd für den ganzen Satz in derselben Weise verteilt sein, d. h. immer ohne Verdoppelung oder immer verdoppelt, außer den Fällen, wo es notwendig ist, eine harmonische Stimme hervortreten zu lassen:

Zu vermeiden: 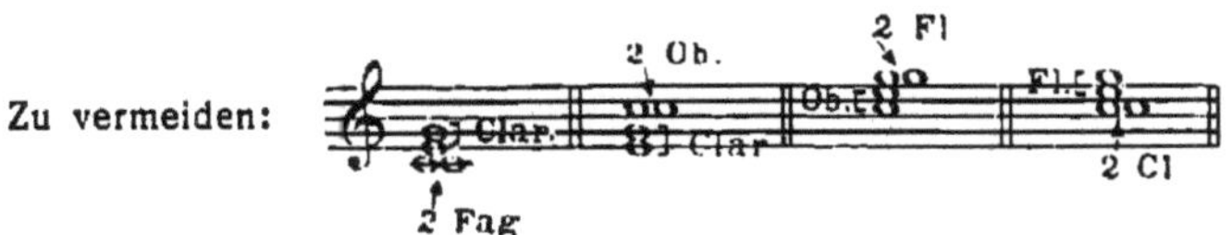

2. Man muß die normale Höhenlage beachten, außer den Fällen der Kreuzung und Einschließung, wovon später die Rede sein wird:

Zu vermeiden: 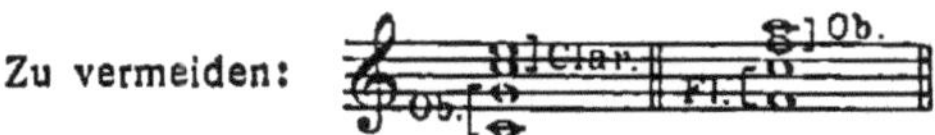

3. Es ist gut, entsprechende und Nachbarregister zusammenfallen zu lassen, außer wenn man einen Effekt besonderer Farbe erziehen will:

Zu vermeiden: 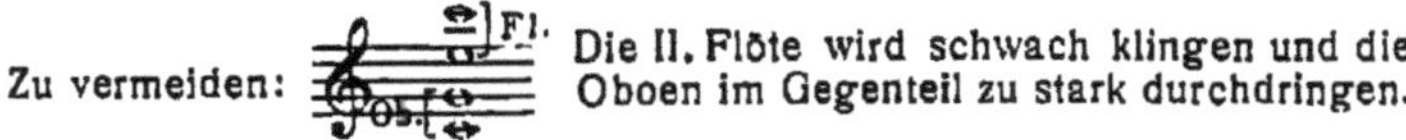 Die II. Flöte wird schwach klingen und die Oboen im Gegenteil zu stark durchdringen.

4. Die konsonierenden und weichen Intervalle muß man Instrumenten derselben Gattung oder derselben Klangfarbe zuteilen (Oktaven, Terzen und Sexten), nicht aber die dissonierenden (Quinten, Quarten, Sekunden und Septimen), außer den Fällen, wo man die Dissonanzen unterstreichen und hervorheben will. Diese Regel ist besonders bei den Oboen in der Lage, in welcher sie schneidend sind, zu beachten:

Zu vermeiden: 

Vier- und dreistimmige Harmonie.

Die Disposition der Harmonie bei den Holzbläsern kann von zwei Standpunkten aus betrachtet werden: a) wenn die Instrumente à zwei sind: 2 Fl., 2 Ob., 2 Clar., 2 Fag., oder b) wenn sie à drei sind: 3 Fl., 2 Ob., Englischhorn, 3 Clar., 2 Fag. und Kontrafag.

A. **Instrumente à zwei.** Es gibt drei Möglichkeiten, die Klangfarben der Holzbläser à zwei zu verteilen: 1. die einen über den
anderen (in strenger Ordnung der Höhenlagen: Superposition),
2. in Kreuzung und 3. die einen in die andern eingeschlossen
(Einrahmung). Die zwei letzten Arten erfordern im gewissen Grade
die Veränderung der normalen Höhenordnung:

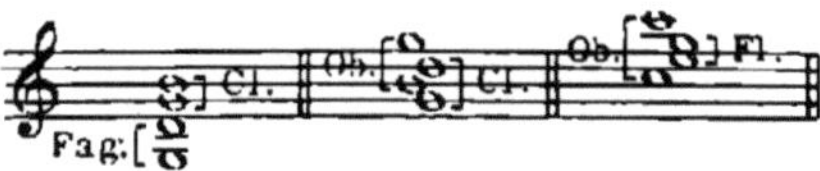

Wenn man eine dieser Arten wählt, muß man folgendes beachten:
a) für isolierte Akkorde: deren Höhenlage, und dabei nicht weiche
und schwache Register der einen Instrumente mit starken und durch-
dringenden der anderen mischen.

Die Oboe ist zu durchdringend.	Die tiefe Note der Flöte ist zu schwach.	Das Fagott tritt zu sehr hervor.

b) In der Folge der Akkorde muß man die allgemeine Stimmführung beachten: man wird den liegenden Stimmen eine Klangfarbe und den fortschreitenden eine andere geben müssen:

Wenn die vierstimmigen Akkorde in breiter Lage sind, kann
man die verschiedenen Klangfarben à zwei anwenden, wobei die
normale Höhenordnung streng beibehalten werden muß. Wenn
man die Superposition beibehält, da ist es als gut zu bezeichnen,
wie im folgenden Beispiel:

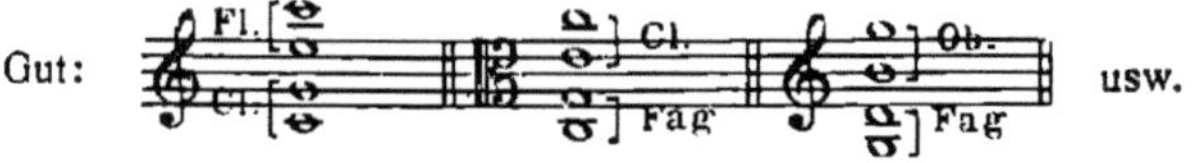

Bei jeder anderen Disposition kommt der Mangel an passendem
Zusammenhang der Register unangenehm zum Vorschein:

Zu vermeiden: usw.

Wenn man eine gewisse Klangfarbe zwischen andere einschließen will (Einrahmung), so müssen diese anderen verschiedenartig sein:

Gut: usw.

Es ist möglich, in einem vierstimmigen Akkord in weiter Lage vier verschiedene Klangfarben anzuwenden, obgleich ein solcher Akkord keine Klanggleichheit haben wird; weil mit dem Steigen in höhere Register die Unterschiede zwischen den Instrumenten sich vermindern:

Annehmbar.   Besser.   Noch besser.

In enger Lage dagegen (auch bei vierstimmigen Akkorden) ist die Anwendung von vier verschiedenen Klangfarben zu vermeiden, weil die Register nicht korrespondieren:

Schlecht.   Besser.   Noch
etwas
besser.

Anmerkung. Im „*Mozart und Salieri*", wo die Orchestration nur eine Flöte, eine Oboe, eine Klarinette und ein Fagott aufweist, finden sich notwendigerweise vierstimmige Akkorde, die vier verschiedenen Holzbläsern zugeteilt sind.

In der dreistimmigen Schreibart, die meist dann gebraucht wird, wenn bei einer harmonischen Grundlage der Baß einer anderen Gruppe zugeteilt ist (z. B. den Streichern oder *Pizzicato*), muß man sich von denselben Erwägungen leiten lassen. Die dreistimmigen Akkorde werden gewöhnlich so verteilt, daß zwei Stimmen gleichen Instrumenten und die dritte — einem anderen gegeben werden, niemals aber drei verschiedenen. Am besten würde hier die Übereinanderstellung am Platze sein:

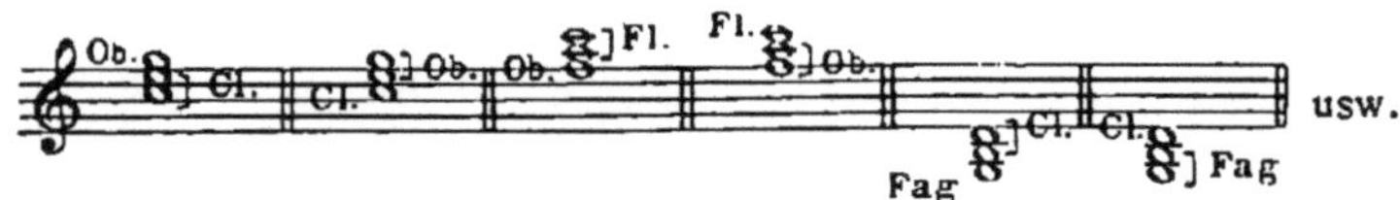

Die Anwendung der Kreuzung oder des Einrahmens (was hier auf dasselbe hinausläuft) wird von dem Fortschreiten der Stimmen abhängen:

B. Holzbläser à drei. Die Disposition der Holzbläser à drei ist auf den ersten Blick klar, denn jede Gruppierung von drei Instrumenten derselben Klangfarbe klingt immer sehr gut:

Bei vierstimmigen Akkorden in enger Lage wird man am besten Übereinanderstellung anwenden: drei Instrumente einer Klangfarbe und das vierte — einer andern; man kann aber auch Kreuzung und Einschließung (oder Einrahmung) gebrauchen. Man muß bloß beachten, daß die Farben entsprechend seien und der vorhergehenden Stimmführung Rechnung tragen:

Es ist schlechter, drei Instrumente derselben Klangfarbe für Akkorde in weiter Lage anzuwenden:

Wenn aber das dritte Instrument einer tieferen Lage angehört, wie Altflöte, Englischhorn, Baßklarinette oder Kontrafagott, so wird der Klang gut sein:

Für vierstimmige Akkorde wird man zu drei Instrumenten derselben Klangfarbe ein viertes anderer Klangfarbe beifügen.

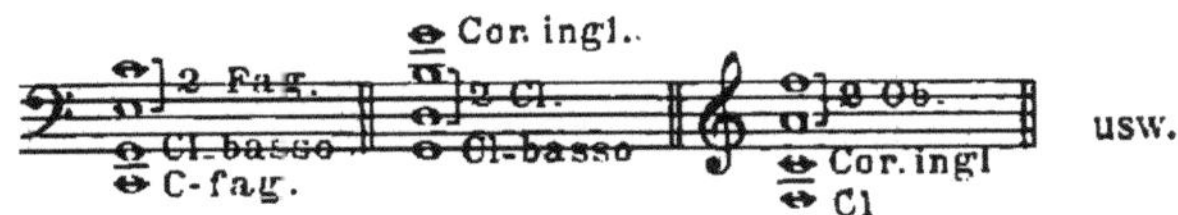

Vielstimmige Harmonie.

Wenn man einzelne Akkorde zu 5, 6, 7 und 8 Stimmen hat oder solche, die den harmonischen Grund bilden, so muß man die Regeln des vorigen Kapitels über den Gang der Holzbläser in Oktaven beibehalten. Da die 5., 6., 7. und 8. Stimme nichts weiter als eine Verdoppelung in der Oktave der drei oberen Stimmen der wirklichen vierstimmigen Harmonie ist, so wird man nach Möglichkeit solche Instrumente aussuchen, welche die besten Oktaven untereinander bilden. Man kann dabei Kreuzung und Einrahmung auch anwenden.

A. Wenn die Holzbläser à zwei sind (enge Lage):

Die vielstimmigen Akkorde in weiter Lage muß man zu vermeiden suchen, weil sie eine Mischung der Stimmen in enger und weiter Lage bilden werden:

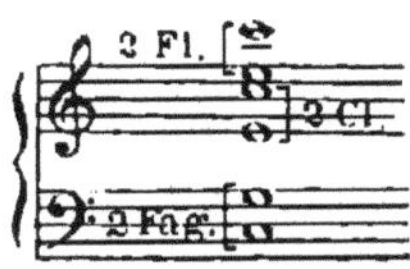

Anmerkung. In den meisten Fällen wird diese Disposition dann angewandt, wenn die zwei oberen Stimmen eine besondere melodische Funktion haben, — wovon früher die Rede war.

B. Wenn die Holzbläser zu dreien sind:

Die Stellung übereinander eignet sich am besten für die Holzbläser zu dreien in enger Lage. Dieselbe Stellung in weiter Lage (Kreuzung) ist weniger vorteilhaft, weil die sich bildenden Oktaven im Gegensatz zur normalen Höhenordnung liegen werden:

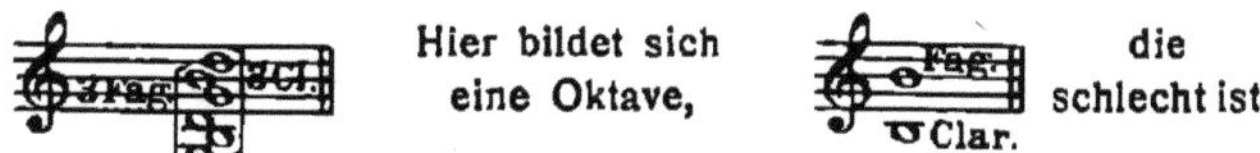

Verdoppelung der Klangfarben.

A. Wenn die Holzbläser zu zweien sind, so ist es gut, soviel wie möglich die verdoppelten Klangfarben untereinander zu mischen:

In den vierstimmigen Akkorden kann man auch das Verfahren anwenden, welches bei den Klassikern beliebt war:

Hier ist das hohe *C* der Flöte im hohen Register genügend stark, der Klang des *G* und *E* der Oboe ist durch Verdoppelung mit der zweiten Flöte und der ersten Klarinette weicher: Das *C* der zweiten Klarinette ist im Gegenteil im Vergleich zu den Nachbarstimmen (*E* und *G*) schwach, weil es nicht verdoppelt ist. Auf jeden Fall sind hier die obersten und untersten Stimmen schwächer und die mittleren voller und stärker.

B. **Die Holzbläser zu dreien**, ermöglichen für dreistimmige Akkorde eine vollständige Gleichheit der gemischten Klangfarben:

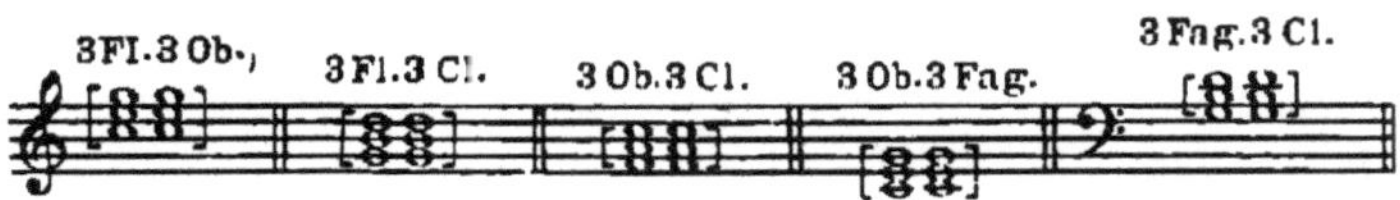

Diese Klangfarben können auch bei Verdreifachung entstehen:

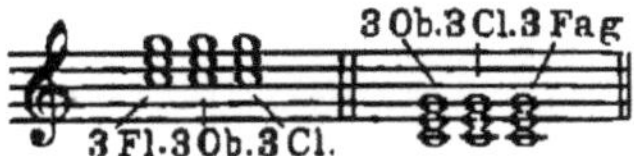

Allgemeine Bemerkungen.

1. Die heutigen Orchestrateure erlauben keine leeren Stellen zwischen den vielstimmigen harmonischen Stimmen in enger Lage, was die Klassiker zum Teil zuließen:

Diese leeren Stellen sind besonders in dem *forte* schlecht. Deswegen ist eine weite Lage, welche gerade auf dieser Ausdehnung der Intervalle basiert ist — sehr selten und nur im *piano* am Platze. Die enge Lage ist bei den Holzbläsern die meist gebrauchte für Harmonien im *forte* wie auch im *piano*.

2. Im allgemeinen ist ein vielstimmiger Akkord von großer Ausdehnung nach der normalen Ordnung verteilt. Im tiefen Re-

gister sind die großen Intervalle: Oktaven und Sexten, — im mittleren: die Quinten und Quarten und im hohen die kleinen: Terzen
und Sekunden.

3. In vielen Fällen wird die gute Stimmführung es erfordern,
daß eine von den Stimmen zeitweise verdoppelt wird, die anderen
aber nicht. In solchen Fällen verträgt unser Ohr diese zeitweise
Unterbrechung des Gleichgewichts, indem es von der Korrektheit
und Logik der Stimmführung befriedigt ist. Ich erkläre es durch
ein schematisches Beispiel:

In dem zweiten Takt dieses Beispieles ist das *D* deswegen im
Einklang verdoppelt worden, weil die drei oberen Stimmen mit
den drei entsprechenden unteren benachbart liegen. Im vierten
Takt ist das *F* im Einklang bei beiden Gruppen verdoppelt.

4. Die grundsätzlich vierstimmige Basis der Harmonie wird nicht
immer vollständig den Holzbläsern zugeteilt. Oft ist eine Stimme davon
den Streichern oder *pizzicato* gegeben. Meistens wird der Baß extra
behandelt und die drei oberen Stimmen in lang ausgehaltenen
Tönen den Holzbläsern anvertraut. Wenn auch die obere Stimme
einem Streicher gegeben ist, so bleiben den Holzbläsern bloß die
zwei ausgehaltenen mittleren Stimmen der Harmonie. Im ersten
Fall muß die dreistimmige Harmonie der Holzbläser ein unabhängiges Ganzes — (ohne den Baß) — sein, und aus diesem
Grunde können die offenen Quinten und Quarten hier nicht gesetzt werden. Im zweiten Fall ist es vorzuziehen, den mittleren
Stimmen ein Intervall zu geben, das eine gewisse Fülle darstellt,

d. h. man wird vorzugsweise Terzen, Sexten, Sekunden und Septimen anwenden.

Alles, was von Anwendung der Holzbläser zur Harmonie und von der Verteilung der gemischten oder reinen Klangfarben gesagt ist, betrifft speziell die ausgehaltenen Akkorde, harmonische Folgen und rasch wechselnde *Staccato*-Akkorde. Bei kurzen Akkorden, welche genügende Pausen-Zwischenräume haben, ist die Disposition und Verteilung der Klangfarben für das Ohr nicht so fühlbar und der Gang der Stimmen nimmt die Aufmerksamkeit nicht soviel in Anspruch. Es ist unmöglich und außerdem ganz unnütz, die unzähligen Einzelfälle der Kombination von Klangfarben, der Verdoppelungen und Disposition der Akkorde zu untersuchen. Ich wollte bloß die allgemeinen Grundlagen der zu befolgenden Methode und die Betrachtungen, welche als Leitfaden dienen sollen, bezeichnen. Nachdem der Leser oder Schüler das Vorhergehende sich zu eigen gemacht hat, wird er bei Untersuchung von Partituren moderner Werke und beim Zuhören der Orchesteraufführungen dieser Werke verstehen, in welchem Fall das eine oder das andere Verfahren anzuwenden ist. Im allgemeinen gesprochen wird es zu empfehlen sein, die normale Ordnung der Höhenlagen der Holzbläser als Richtschnur zu benutzen und darauf acht zu geben, daß ein bestimmter Akkord entweder in nicht verdoppelten oder verdoppelten Stimmen durchweg geschrieben sei (außer dem Spezial-Fall, der sich aus der Stimmführung ergibt.); die Kreuzung und Einrahmung nur in bestimmter Absicht zu gebrauchen und schließlich die enge Lage der Akkorde am häufigsten zu benutzen.

Beispiele der Harmonie bei den Holzbläsern:

a) Unabhängige Akkorde.

Nr. 105. *Weihnachtsnacht* [148] — Clar., 2 Fag.

Nr. 106.   ,,   Anfang — Ob., Clar., Fag. (Kreuzung).

Sniegurotschka [16] — 2 Clar., Fag.

  ,,   [79], 5. Takt. — 2 Ob., 2 Fag. (vgl. Beisp. 136).

*Nr. 107. *Sniegurotschka* [197] — Fl. picc., 2 Fl. *(tremolando)*.

Nr. 108   ,,   [204] — 2 Fl., 2 Ob. (hohe Lage).

Nr. 109. *Sheherazade*, Anfang. — Alle Holzbläser in verschiedenen Dispositionen.

Das Osterfest $\boxed{A}$ — 3 Fl. *tremolando* (vgl. Beisp. 176).

Legende vom Zaren Saltan $\boxed{45}$ — Ob., 2 Fag.

Nr. 110. *Legende vom Zaren Saltan* vor $\boxed{115}$ — gemischte Klangfarben.

Nr. 111.   „   „   „   „ $\boxed{115}$ und andere Stellen —
Effekt der Weichheit bei Holzbläsern zu dreien.

Legende vom Zaren Saltan $\boxed{177}$ — 2 Ob., 2 Fag.

Sadko, Symphonisch. Gemälde $\boxed{9}$ — Ob., 2 Clar., Fag.

Sadko, Oper $\boxed{4}$ — Cor. ingl., 2 Clar.

Sadko, Oper, vor $\boxed{5}$ — Alle Holzbläser.

Nr. 112. *Sadko* $\boxed{72}$ — Dreistimmige Akkorde in reinen und gemischten Klangfarben.

*Nr. 113. *Die Zarenbraut* $\boxed{126}$ — Alle Holzbläser.

*Nr. 114. *Kitesh*, vor $\boxed{90}$ — Eingerahmte Disposition (I. Ob. in
hoher Lage).

Nr. 115. *Kitesh*, vor $\boxed{161}$ — Abwechselnd Holz und Blech.

Nr. 116.   „ $\boxed{167}$ — Alle Holzbläser, außer der Oboe, mit
dem Chor.

„ $\boxed{269}$ — Fl., Clar., Fag..

Der goldene Hahn $\boxed{125}$ — verschiedene Holzbläser vierstimmig
(vgl. Beisp. 271).

„   „   „ $\boxed{218}$ — Ob., Cor. ingl., Fag., C.-Fag. (vgl. $\boxed{254}$).

Nr. 117. *Der goldene Hahn*, vor $\boxed{236}$ — Gemischte Klangfarbe;
im Baß 2 Fag.

b) Harmonischer Grund (wo auch Hörner gelegentlich teilnehmen).

Mainacht, 3 Akt. $\boxed{L}$ — 2 Fag., C. ingl. (vgl. Beisp. 18).

Antar $\boxed{68}$ — 3 Flöten.

Sniegurotschka $\boxed{20}$ — 2 Clar. im hohen Register.

„   vor $\boxed{50}$ — 2 Fl., Fag.

„ $\boxed{187}$ — 2 Ob., 2 Fag.

„ $\boxed{274}$ — 2 Clar., tiefes Register (vgl. Beisp. 9).

„ $\boxed{283}$ — Fl., C. ingl. Clar., Fag. (vgl. Beisp. 26).

Nr. 118. *Sniegurotschka* $\boxed{292}$ — Weite Lage der Holzbläser
(verdoppelte Stimmen).

Nr. 119.   „ $\boxed{318-319}$ — 2 Fl.

Sheherazade, 2. Satz [B] — 2 Clar., Fag. (ausgeh. Note beim Horn) — (vgl. Beisp. 1).

Weihnachtsnacht [1] — 3 Clar.

Sadko [1] — Clar., Cl.-basso, Fag., C.-fag.

Nr. 120. *Sadko* [49] — Ob., Clar. Cor., Fag.

„ [99] — 2 Clar. (vgl. Beisp. 289, 290).

Nr. 121. „ [144] — Clar., Fag.

Nr. 122. „ [195—196] — 2 Clar., Cl.-basso.

Die Zarenbraut [80] — Clar., Fag.

„ „ [166] — harmonische Stimmen in Bewegung, Fl., Clar. (vgl. Beisp. 22).

Servilia [59] — Clar. (tiefes Register), Fag.

*Nr. 123. *Kaschtschei* [80] — Ob., Fag. *con sord.*

*Nr. 124. *Kitesh* [52] — Fl., Fag.

„ [55] — Fl., Ob. (vgl. Beisp. 197).

„ [68] — C. ingl., Fag., C.-fag. (vgl. Beisp. 199).

Nr. 124. „ [118] — Gemischte Klangfarbe: 2 Ob., C. ingl. + 3 Clar.

„ [136] — Harmonische Stimmen in Bewegung, Fl., Clar.

„ vor [135] — 3 Fl. (tiefes Register), 2 Clar.

„ [223] — Fl., Ob., Clar. (vgl. Beisp. 31).

*Nr. 125. „ [247] — 2 Clar., Cl.-basso.

„ [273] — C. ingl., 2 Clar., Cl.-basso, Fag.

*Nr. 126. „ [355] — C. ingl. *con sord,* Clar., 2 Fag.

*Nr. 127. *Der goldene Hahn* [3] — Clar., Cl.-basso, Fag., C.-fag.

„ „ „ [40—41] — Cl.-basso, Fag.; Fl., Clar.; Clar., Cl.-basso.

*Nr. 128. „ „ „ [156] — harmonische Stimmen in Bewegung: Fl., Clar.

Die Harmonie bei den Blechinstrumenten.

Hier, wie bei den Holzbläsern, muß man in enger Lage schreiben und keine Intervalle auslassen.

Vierstimmige Disposition.

Es ist klar, daß die vier Hörner eine Möglichkeit darbieten, vierstimmige Harmonien ausgeglichenen Klanges zu schreiben, ohne den Baß in der Oktave zu verdoppeln:

Anmerkung. In den schematischen Beispielen dieses Abschnitts schreibe ich der Einfachheit wegen die wirklich klingenden Noten für Hörner und Trompeten wie in einem Klavierauszuge.

Wenn man den Baß in der Oktave verdoppeln soll, so braucht man hier weder Posaunen noch Tuba, die zu stark sind, sondern gibt die Verdoppelung dem Fagott, wie weiter erklärt wird.

Das Quartett aus drei Posaunen und der Tuba ist nicht oft für die wirklichen vier Stimmen in enger Lage verwendet; die dritte Posaune und Tuba wird eher den Baß in Oktaven geben und die drei wirklichen oberen Stimmen werden von den zwei Posaunen und einer Trompete geblasen (statt der Trompete können auch zwei Hörner *unisono* sein, damit nur das klangliche Gleichgewicht bewahrt bleibt).

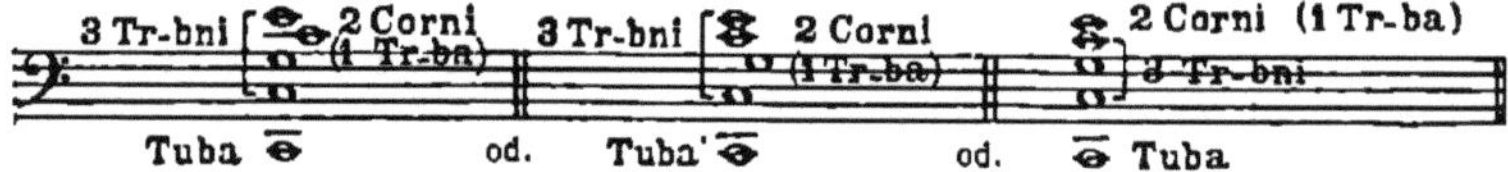

Ich halte für besonders gut eine Disposition, die ich oft angewandt habe: Baß — 2 Hörner und Tuba in Oktave und die oberen drei Stimmen — drei Posaunen:

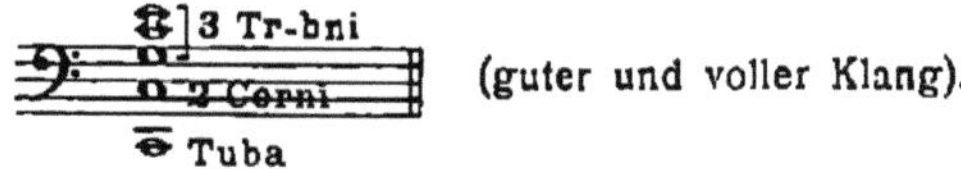

(guter und voller Klang).

In höherer Lage, wo die zwei oberen Stimmen von Trompeten besetzt sind, werden (bei vierstimmiger Harmonie) die unteren von zwei Posaunen oder von vier Hörnern à zwei *unisono* (um das klangliche Gleichgewicht zu bewahren) geblasen:

Wenn man drei Trompeten hat, so wird die vierte Stimme einer Posaune oder zwei Hörnern zugeteilt:

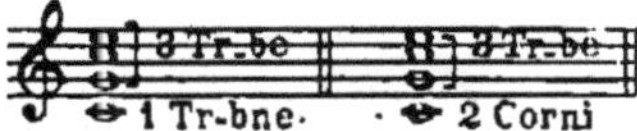

Man kann bei einzelnen Akkorden Einrahmung verwenden:

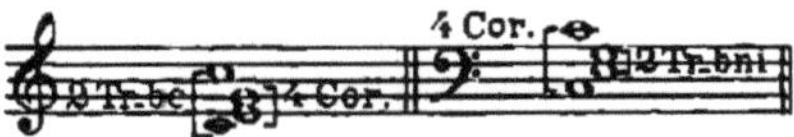

Ebenso auch den Anforderungen der Stimmführung gemäß:

Dreistimmige Disposition.

Die beste Verteilung ist: drei Posaunen, drei Hörner oder drei Trompeten. Wenn man zwei Klangfarben vereint, so verdoppelt man die Zahl der Hörner.

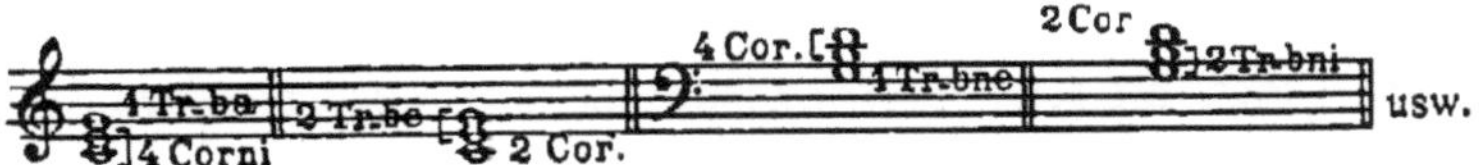

Vielstimmige Akkorde.

Wenn die ganze Gruppe verwendet ist, so verdoppelt man die Zahl der Hörner:

Wenn man fünf-, sechs- und siebenstimmig schreibt, so muß man einige Instrumente fortlassen:

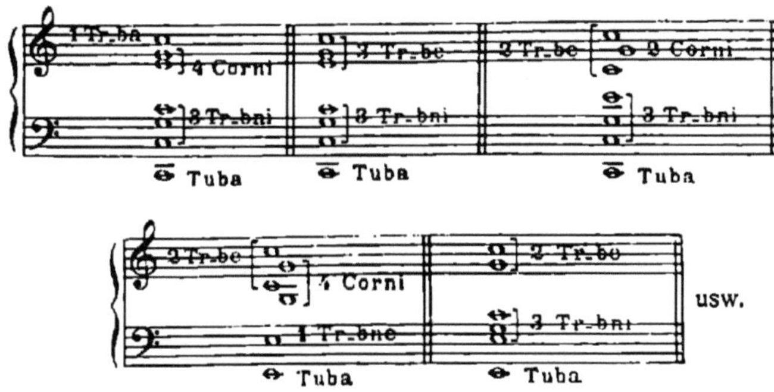

Die dissonierenden Intervalle (Septime und Sekunde) muß man
unähnlichen Klangfarben geben:

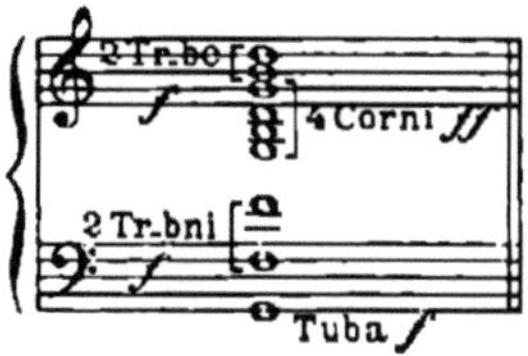

Wenn diese Akkorde für ein solches Orchester geschrieben
werden, welches bloß zwei Trompeten hat, dann kann man die
Hörner nicht zu zweien anwenden. In solchem Falle wird man, um
die Klangkraft der Hörner mit den anderen Instrumenten auszugleichen, den ersteren eine dynamische Nuance um einen Grad
höher geben müssen:

In allen Fällen, wo die Klangkraft der Stimmen nicht durch
Anwendung der Hörner zu zweien erzielt werden kann, wird man
dasselbe Verfahren anwenden müssen, d. h. den Hörnern eine
höhere dynamische Nuance als den Trompeten und Posaunen
geben müssen.

Wenn die Akkorde in weiter Lage in vielen harmonischen
Etagen gesetzt sind, kann die Etage der Hörner ohne Verdoppelung

bleiben und die Disposition wird wie bei einem Choral sein (d. h. so, wie man beim Schreiben für doppelten und dreifachen Chor verfährt). Zum Beispiel:

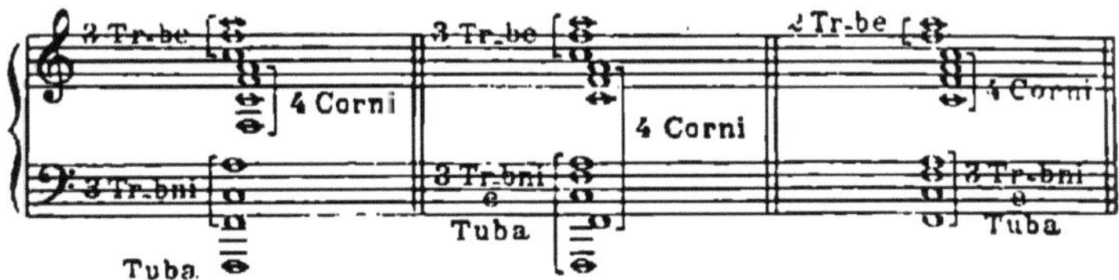

Verdoppelung der Blechinstrumente.

Die meist vorkommende Verdoppelung bei den Blechinstrumenten besteht darin, daß man einem Akkorde der Hörner den gleichen Akkord von Trompeten oder Posaunen gegenüberstellt. Der weiche und runde Klang der Hörner, welcher die Kraft solcher Kombinationen verstärkt, macht zur selben Zeit die durchdringende Klangfarbe der Trompeten und Posaunen in ziemlich hohem Grade weicher:

Die Gegenüberstellung von Trompeten und Posaunen:

ist weniger häufig, weil sie die zwei stärksten Klänge vereinigt.

Da es in der Orchesterfaktur sehr oft vorkommt, daß die Blechinstrumente ausgehaltene Noten in zwei und drei Oktaven haben, so ist es notwendig, solche Fälle zu untersuchen. Die ausgehaltenen Noten werden meistens zwei Trompeten, zwei oder vier Hörnern in Oktaven gegeben. Zuweilen sind die Oktaven Trompeten und Hörnern zu gleicher Zeit zugeteilt:

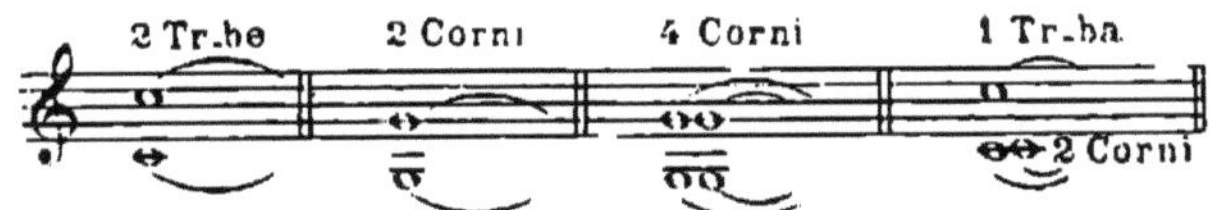

Selten ist es aber, daß die schwerklingenden Posaunen an solcher Kombination teilnehmen. Für ausgehaltene Noten in doppelter Oktave verwendet man am liebsten folgende Zusammensetzung:

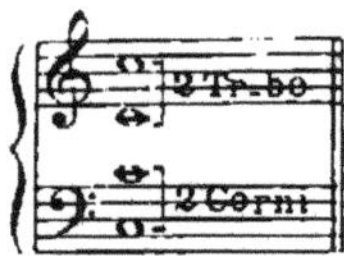

Das unvollkommene Gleichgewicht, welches durch die Verdoppelung der mittleren Note entsteht, wird durch die gemischte Klangfarbe kompensiert, welche den ausgehaltenen Tönen eine gewisse Einheit gibt.

Beispiele der Harmonie bei den Blechinstrumenten:

a) Unabhängige Akkorde:

Sniegurotschka 74 — 3 Tr-bni, 2 Cor.

„ 140 — 3 Tr-bni, 2 Cor. Akkorde abwechselnd bei verschiedenen Gruppen (vgl. Beisp. 244).

Sniegurotschka 171 — Alle Blechinstrumente; weiter 3 Tr-bni (vgl. Beisp. 97).

Sniegurotschka 255 — 4 corni (C. sord.).

Nr. 129. *Sniegurotschka*, vor 289 — 4 Corni.

Sniegurotschka 289 — Alle Blechinstrumente.

Sadko, vor 9 — Alle Blechinstrumente (eingerahmt).

Nr. 130. *Sadko* 175 — Gemischte Klangfarben (Gegenüberstellung) 3 Cor. + 3 Tr-be.

Sadko, vor 338 — Alle Blechinstrumente außer Tuba.

Nr. 131. *Sadko* 191—193 — (Lied des Wariagen) — Alle Blechinstrumente.

Nr. 132. *Weihnachtsnacht,* vor 180 — Alle Blechinstrumente mit Dämpfer.

Weihnachtsnacht 181 — 4 Cor. + 3 Tr-bni + Tuba (vgl. Beisp. 237).

Die Zarenbraut 178 — Abwechselnd Streicher und Blech (vgl. Beisp. 242).

*Nr. 133. *Legende vom Zaren Saltan* 102, 7. Takt. — 2 Tr-be, 2 Tr-bni, 4 Corni — Gegenüberstellung.

Legende vom Zaren Saltan [230] — Alle Blechinstrumente, sehr kompakter Klang; (vgl. Akkorde Nr. II, Ende des zweiten Bandes, Beisp. 12).

** Servilia* [154] — Verschiedene Blechinstrumente.

** Kitesh* [130] — 3 Tr-be, Tr-bni, Tuba.

Nr. 134. *Kitesh* [199] — Kurze Akkorde (gegenübergestellt).

**Nr. 135. Der goldene Hahn* [115] — Corni, Tr-bni (eingerahmt).

b) Harmonischer Grund:

Nr. 136. *Sniegurotschka* [79], 6. Takt. — 4 Corni.

Sniegurotschka [231] — 3 Tr-bni, weicher Grund (vgl. Beisp. 8).

Antar [64—65] — 4 Cor.; weiter 3 Tr-bni (vgl. Beisp. 32).

** Sheherazade,* ·1. Satz. [A], [E], [H], [K], [M] — Harmonischer Grund verschiedener Stärke und Klangfarbe (vgl. Beisp. 192—195).

Nr. 137. *Servilia* [93] — Alle Blechinstrumente.

**Nr. 138. Legende vom Zaren Saltan* [127] 4 Cor. C. sord. $\dotplus$ 3 Tr-bni $+$ Tuba. C. sord. *pp*.

Legende vom Zaren Saltan, vor [147] — Alle Blechinstrumente *ff* (die Oboen und das Englischhorn haben keine besondere Bedeutung).

** Der Wojewode* [136], 9. Takt. — 4 Corni; dann Tr-bni, 2 Cor.

**Nr. 139. Kitesh* [158], — Tr-be, Tr-bni.

Nr. 140. *Kitesh* [248] — 3 Tr-bni.

Kitesh, vor [362] — Alle Blechinstrumente.

Die Harmonie bei den vereinigten Gruppen.

A. Verbindung der Blasinstrumente: Holz und Blech.

Diese Verbindung kann als Gegenüberstellung der Akkorde verschiedener Klangfarbe auftreten (z. B. *Unisono*), oder auch unter den anderen drei uns bekannten Formen: Übereinanderstellung, Kreuzung und Einrahmung.

1. *Unisono* (Gegenüberstellung der Klangfarben).

Die Verbindungen von dieser Art Akkorden haben dieselben Eigenschaften wie die entsprechenden Verbindungen in der Melodie (vgl. Kap. II). Die Klangfarbe der Holzbläser verstärkt das Blech, indem sie sich ihm zugesellt, und macht es zur selben Zeit weicher, indem sie den besonderen Charakter des Bleches vermindert. Diese Verbindungen können folgender Art sein:

2 Tr-be + 2 Fl.;   2 Tr-be + 2 Ob.;   2 Tr-be + 2 Clar.:
3 Tr-be + 3 Fl.;   3 Tr-be + 3 Ob.;   3 Tr-be + 3 Clar.;

und Dispositionen wie die folgende:

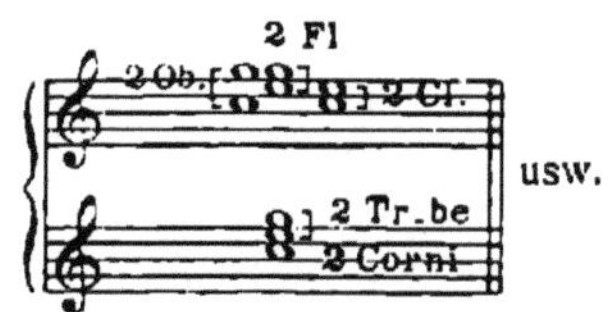

sind möglich.

Ebenso:

2 Corni + 2 Fag.;   2 Cor. + 2 Clar.;
3 Corni + 3 Fag.;   3 Cor. + 3 Clar.; auch
2 Cor.   + 2 Fag. + 2 Clar. usw.

Die Kombinationen: 3 Tr-bni + 3 Fag. oder 3 Tr-bni + 3 Clar. sind sehr selten.

Ein Akkord aller Blechinstrumente, verdoppelt von allen Holzbläsern zu zweien, gibt einen wunderbaren und gleichen Klang.

Beispiele:

Sniegurotschka 315 — 2 Hörner + 2 Kl., und 2 Hörner + 2 Ob. (vgl. Beisp. 236.)

Nr. 141. *Die Zarenbraut* 50 — 4 Hörn. + 2 Kl., 2 Fag.

Nr. 142.   „   „   142 — Gegenüberstellung aller Blechinstrumente und aller Holzblasinstrumente.

Pskovitianka. 2. Akt 30 Gegenüberstellung und Einrahmung (vgl. die Tabelle II der Akkorde, Beisp. 8).

Nr. 143. *Die Weihnachtsnacht* 165 — 4 Hörner + Fl., Klar., Fag.

Nr. 144. Sadko, vor 79 — Horn, Trompete + Verdopp. bei den Holzbläsern[1]).

Nr. 145. *Sadko* 242 — Alle Blechinstrumente + Fl., Klar.

Kitesh, Anfang — Cor., Tr-bni + Clar., Fag. (vgl. auch 5 — Beisp. 249).

---

[1]) In der Partitur ist ein Druckfehler bei der Klarinette. Dieser Fehler ist in dem Beispiel korrigiert.   (Anm. d. Red.)

*Nr. 146. *Kitesh* [10] — C. ingl., 2 Clar., Fag. *legato* -|- 4 Cor. *non legato.*

Kitesh [324] — alle Blechinstrumente -|- Holz.

*Nr. 147. *Der goldene Hahn* [233] — Tr-be + Ob. / Cor. + Clar.] 8.

Die gestopften und gedämpften Töne der Trompeten und Hörner, deren Klangfarbe etwas an die Oboen und das Englischhorn erinnert, erzeugen mit genannten Instrumenten *unisono* einen prächtigen Klang.

Beispiele:

Nr. 148. *Das Osterfest*, S. 11. — Cor. (+), Tr-be (tief) -|- Ob., Clar.

**Die Weihnachtsnacht*, vor [154] — Alle Blechinstrumente mit Dämpfer -|- Holzbläser.

*Nr. 149. *Legende vom Zaren Saltan* [129] — 2 Ob., Cor. ingl. + 3 Tr-be *con sord.* (unten 3 Klar.).

*Nr. 150. *Legende vom Zaren Saltan* [131], 17. Takt. — Dieselbe Kombination + Hörner.

*Nr. 151. *Antar* [7] — Ob., Cor. ingl., 2 Fag. + 4 Cor. (+).

Die mittleren Noten der Hörner gedämpft *unisono* mit der Klarinette im tiefen Register geben eine schöne dunkle Klangfarbe:

𝄢 2 Cor. [♦] 2 Clar. (+)

Wenn sie aber mit dem Fagott vereint sind, so ist der Effekt weniger charakteristisch.

Beispiele:

**Kaschtschéi* [29], 11. Takt. — 2 Ob., 2 Clar. + 4 Cor. (+).

„ [107], 6. Takt. — 2 Clar., Fag. + 3 Cor. (+).

**Die Weihnachtsnacht*, S. 249. — Clar., Fag. + 3 Cor. (+).

**Mlada*, 3. Akt [19] — 3 Cor. (+) -|- 3 Fag., und 3 Cor. (+) + 3 Ob. (vgl. Beisp. 259).

2. *Übereinanderstellung, Kreuzung, Einrahmung.*

Wie schon früher bemerkt wurde, haben die Hörner und Fagotte eine einander ähnliche Klangfarbe, was die Gruppen der Holz-

und Blechinstrumente näher vereinigt. Eine vierstimmige Harmonie, die von zwei Hörnern und zwei Fagotten gespielt wird (besonders im *piano*), klingt schön und ausgeglichen, ähnlich wie bei vier Hörnern, nur etwas mehr durchsichtig. Im *forte* fangen die Hörner an, auf die Fagotte zu drücken, und es ist besser, in diesem Fall die Harmonie 4 Hörnern zu geben. Bei Verbindung der Hörner und Fagotte wählt man am besten die Kreuzung, um die Klangfarben besser zu verschmelzen. *In diesem Falle ist es auch besser, die konsonierenden Intervalle den Hörnern und die dissonierenden den Fagotten zu geben, z. B.:

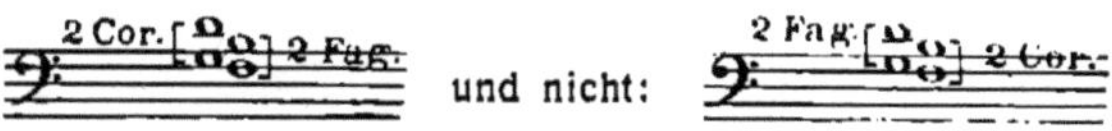

Man kann auch die Fagotte zwischen (eingeschlossen) die Hörner schreiben, aber nicht umgekehrt:

Dieselbe Disposition kann bei ausgehaltenen Oktaven der Trompeten stattfinden. Die Terzen der Flöten, manchmal mit den Klarinetten vereint, machen im *piano* inmitten der Trompeten in Oktaven einen schönen etwas mystischen Eindruck. Wenn man eine ganze Reihe von eingerahmten Akkorden schreibt, so ist es besser, die liegenden Stimmen dem Blech und die mehr beweglichen den Holzbläsern zu geben.

Die Klangfarbe der Klarinetten erlaubt es nicht, sie zwischen die Hörner einzuschließen. Aber im hohen Register und in Form einer oberen harmonischen Etage ergänzen sie ebensogut wie Flöten und Oboen einen Akkord von 4 Hörnern im *piano*; in solchem Fall kann das Fagott eine Oktave tiefer den Baß verdoppeln.

Im *forte* haben die Hörner einen stärkeren Klang als die Holzblasinstrumente; das Gleichgewicht kann man damit aufrechterhalten, daß man die Noten der oberen Gruppe verdoppelt.

Beispiele:

a) Übereinanderstellung.

Sadko, Symph. Gemälde 1 , 9 — Fl., Ob., Cl., Cor.

„ vor 14 — 2 Fl., Clar., Cor.

Antar 22 — Fl., Clar., Corni.

Nr. 152. *Antar* 56 — 3 Fl., 4 Cor.

Sniegurotschka 300 — Alle Holzblasinstrumente und Hörner.

Sheherazade — Schlußakkorde des 1. und 4. Satzes.

Das Osterfest D — Fl., Clar., Cor.; weiter sind gegenübergestellt: Trompeten und Posaunen (vgl. Beisp. 248).

Nr. 153. Die Weihnachtsnacht 212 , 10. Takt. Holzblasinstrumente und Hörner. Weiter gesellen sich ihnen die Trompeten und Posaunen zu.

Nr. 153. Die Weihnachtsnacht 215 3 Fl. + 3 Clar. 3 Corni] 8.

Sadko, Oper 165 — Gegenüber- und Übereinanderstellung.

Nr. 154. *Sadko* 338 — Dieselbe Disposition.

Nr. 155. *Servilia* 73 3 Fl. + 2 Ob., Clar. 4 Cor.

Nr. 156. Kitesh, vor 157 — 3 Fl., 3 Tr-bni.

„ Schlußakkord (vgl. Tabelle III der Akkorde Beisp. 15).

Der goldene Hahn 219 — Vermischte Holzblasinstrumente 4 Hörner.

b) Kreuzung.

Die Weihnachtsnacht vor 53 — Cor., Fag.

„ „ 107 — Clar., Cor., Fag.

Legende vom Zaren Saltan, vor 62 — Cor., Fag.

Der goldene Hahn 220 — 3 Tr-bni, 2 Fag., C-fag. (vgl. Beispiel 232).

*Nr. 157 *Antar*, vor 30 — Holzblasinstrumente, Hörner, dann Trompeten.

c) Einrahmung:

Nr. 158. *Pskovitianka.* 1. Akt 33 — Flöten zwischen Hörnern. Weiter Hörner zwischen Fagotten.

Nr. 159. *Sniegurotschka* 183 — Tr-ba / Fl., 2 Clar. / Tr-ba

Sadko, Symphonisches Gemälde 3 — Clar. + Fag. / 4 Cor. / Clar. + Fag.

Antar, vor 37 — Fag. / 2 Cor. (+) / Clar.

Sadko, Oper 105 — Harmonischer Grund. Oboen zwischen Trompeten (vgl. Beisp. 260).

*Nr. 160. *Sadko*, vor 155 — Flöten zwischen Trompeten.

Die Zarenbraut — Ende der Ouverture. — Fagotte zwischen Hörnern (vgl. Tabelle III der Akkorde. Beisp. 14).

*Nr. 161. *Legende vom Zaren Saltan* 50 — Trompeten zwischen verdoppelten Holzbläsern.

Nr. 162.   „   „   „   „   59 — Flöten zwischen Trompeten. Klarinetten zwischen Hörnern.

*Nr. 163. *Kitesh* 82 — Oboen und Klarinetten zwischen Trompeten.

Die obenerwähnte Verwandtschaft der Klänge der gestopften Hörner mit den Oboen und dem Englischhorn erlaubt es, diese Instrumente in einem Akkord, vorzugsweise im *piano* oder *sforzando*, zu verwenden:

Beispiele:

Die Weihnachtsnacht 75 — 3 Cor. (+) + Oboe.

Die Zarenbraut 123 — Ob., C. ingl., Cor. (+) (vgl. Beisp. 240).

Kitesh 244 — Clar., 2 Fl., + 2 Ob., -Cor. ingl., 3 Cor. (+).

*Nr. 164. *Kitesh*, vor 256 — 2 Ob., C. ingl.⎤ 8.
3 Cor. (+) ⎦

*Vgl. auch *Legende vom Zaren Saltan*, vor 115 — Corno (+)
2 Fl. + 2 Fag.
(Beisp. 110).

Wenn im Akkorde die Trompeten und Posaunen teilnchmen, so wird man am besten die Flöten, Oboen und Klarinetten eine harmonische Etage höher als die Trompeten setzen. So können die folgenden Dispositionen stattfinden:

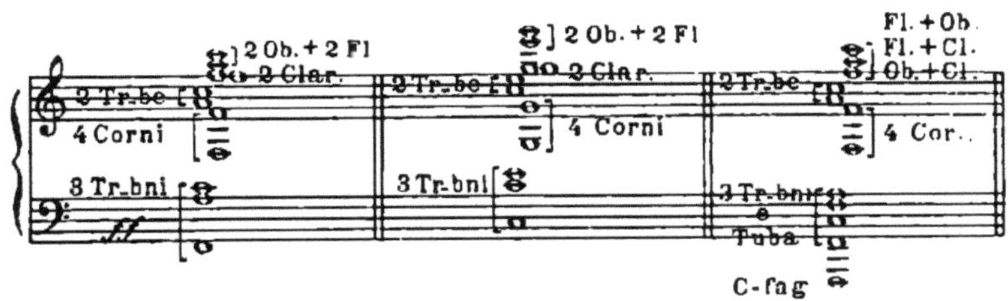

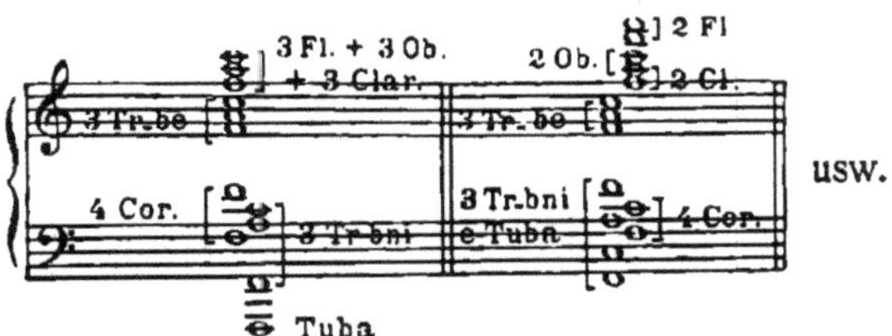

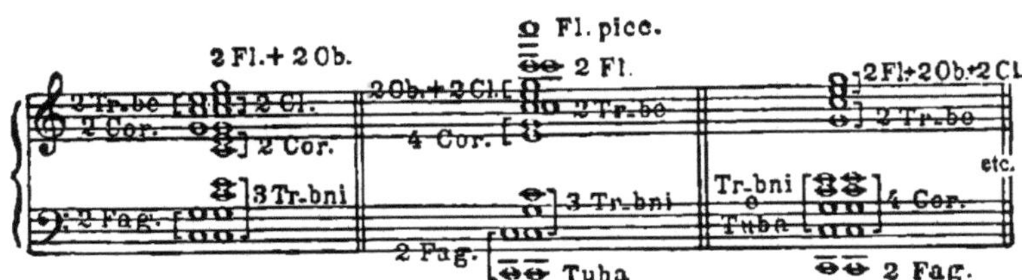

Beispiele:

Sadko, Symphon. Gemälde 20.

*Nr. 165. *Die Mainacht*, 1. Akt Ee — 3 Tr-bni, 2 Ob. + 2 Clar.,
2 Fag.

„   „   S. 325. — Schlußakkord. *C*-dur. (vgl.
Tabelle 1 der Akkorde Beisp. 1).

*Nr. 166. *Sniegurotschka* 198; 200 und vor 210.

Sheherazade, 1. Satz ⬚E⬚, 2. Satz ⬚P⬚, 3. Satz ⬚M⬚, 4. Satz, S. 203 (vgl. Beisp. 195, 19, 210, 77).

Nr. 167. *Die Weihnachtsnacht* ⬚205⬚; ⬚161⬚; ⬚212⬚, 14. Takt (Beispiel 100, 153).

Mlada, Ende des 1. Akts, (vgl. Tabelle II der Akkorde. Beisp. 13); 2. Akt ⬚20⬚.

Nr. 168—169. *Sadko*, Oper, vor ⬚249⬚, ⬚302⬚; (vgl. Beisp. 120).

Nr. 170. *Sadko*, Oper ⬚244⬚ — Sehr ausgedehnter Akkord. Fagott an der Grenze der tiefen Lage.

„   „   ⬚142⬚, ⬚239⬚; vgl. auch ⬚3⬚ (Beisp. 86).

Die Zarenbraut ⬚179⬚ (vgl. Beisp. 243).

Antar ⬚65⬚ — Gebrochene Akkorde bei den Holzbläsern und Hörnern auf Grundlage der Posaunen. (Vgl. Beisp. 32).

Allgemeine Bemerkung. Man kann nicht immer ein ideales Gleichgewicht aller Blasinstrumente in der Disposition des ganzen Orchesterensembles erreichen. Besonders bei einer Reihenfolge von Akkorden, wenn die melodische Lage sich verändert, wird die Disposition von der Stimmführung abhängen. In der Praxis wird die Ungleichheit der Klänge durch folgendes akustische Phänomen ausgeglichen: die Stimmen in Oktaven verstärken sich gegenseitig, indem die harmonischen Obertöne der tieferen, die mit den höheren zusammenfallen, die höhere Stimme unterstützen. Doch wird es ganz von dem Instrumentator abhängen, die bestmögliche Gleichheit der Klänge zu erreichen. Er wird in verschiedenen schwierigen Fällen die Gleichheit der Klänge auf die Weise hervorbringen können, daß er die dynamischen Nuancen sorgfältig verteilt und den Holzbläsern, die schwächer als das Blech sind, einen höheren Grad dieser Nuancen zuteilt.

B. Verbindung der Streicher und Bläser.

1. Die Gegenüber- oder Nebeneinanderstellung von Akkorden der Holzbläser und Streicher ist sehr gebräuchlich und wird entweder in langgezogenen Noten oder in *tremolando* bei den Streichern ausgeführt. Außer der vollen oder auch teilweisen Verdoppelung der Streichinstrumente (beide Arten sehr viel gebraucht) sind die meist vorkommenden Dispositionen folgende:

$$\frac{\text{Fl.}}{\text{Ob. (Clar.)}} + \text{Viol. div.}; \quad \frac{\text{Clar.}}{\text{Fag.}} + \text{V-celli} + \text{V-le div. usw.}$$

Beispiele:

* *Sadko*, Symph. Gemälde, vor ☐4 und ☐4, 9. Takt.

* *Sheherazade*, 1. Satz ☐M 6 Viol. soli -|- 2 Ob. (2 Fl.), Clar.

* *Antar* ☐7 — Alle Streicher *divisi* -|- Holzbl. (vgl. Beisp. 151).

* Nr. 171. *Antar* ☐57 — Viol. II, Viole div. -|- Fl., Cor. (Figuration bei den Klar.).

* *Kitesh* ☐295 — dasselbe; rhythmische Bewegung der Holzbl. und ausgehaltene Harmonie bei den Streichern (vgl. Beisp. 213).

2. Die Verbindung der Streicher mit den Blechinstrumenten ist wegen vollständigem Mangel an Verwandtschaft wenig zu empfehlen, sogar bei Gegenüberstellung, aber noch weniger bei Kreuzung und Einrahmung.

Und doch kann man die Gegenüberstellung anwenden, wenn die Harmonie bei den Streichern *tremolando* ausgeführt wird und bei den Blechbläsern in ausgehaltenen Noten. Auch wenn die Streicher kurze, unterbrochene Akkorde *sforzando* spielen. Man kann auch eine andere mögliche Ausnahme beifügen: die Akkorde der Hörner, verdoppelt durch die Violoncelli oder Bratschen *divisi*, klingen ausgezeichnet.

Beispiele:

Sniegurotschka ☐242 — Alle Blechinstrumente -|- Streicher *tremolando* (vgl. Tabelle I der Akkorde, Beisp. 6).

* *Kitesh*, vor ☐240 — dasselbe (Cor., Tr-ba +).

· * *Sadko*, Oper, vor ☐34 — Cor. -|- V-le div. Tr-bni -|- V-celli *div.*[1]).

C. Verbindung der drei Gruppen.

Die Vereinigung von Streichern, Holzbläsern und Blechinstrumenten gibt der Harmonie Fülle und Inhalt.

Beispiele:

Nr. 172. *Die Zarenbraut*, vor ☐145 — Ob., Fag. -|- Corni -|- Streicher.

„   „   Schlußakkord (vgl. Tab. I der Akkorde, Beisp. 5).

[1]) Man wird auch ein ausgezeichnetes Beispiel der Verbindung der Blechinstrumente mit den Streichern in dem Zwischenspiel vor dem 2. Bilde des 4. Akts der *Chovanschtschina* von Mussorgski (instrumentiert von Rimsky-Korssakow) finden. (Anm. d. Red.)

Nr. 173. *Sadko*, Ende des 1. Bildes. — Kurze Akkorde. Schluß-akkorde des 1., 3. und 7. Bildes (vgl. Tab. 1 und III der Akkorde, Beisp. 9, 10, 18).

Nr. 174. *Weihnachtsnacht* 22 — Holzbl. + Blech *con sord.* + *Tremolo* der Streicher.

Kitesh 162 (vgl. Beisp. 250).

Sniegurotschka. — Ende der Oper. (vgl. Tab. III der Akkorde, Beisp. 17) und eine Menge anderer Beispiele.

Allgemeine Bemerkung. Die Ausgeglichenheit der Klänge und die genaue Verteilung der Kräfte spielt eine viel größere Rolle bei langgezogenen Akkorden und solchen, die rhythmisch figuriert sind; denn hier ist die Klangwirkung sozusagen offensichtlich. Bei kurzen Akkorden, die miteinander nicht verbunden sind, ist die Klangwirkung von sekundärer Bedeutung, aber auch hier kann man dem Komponisten den Rat geben, keine Proben von Nach-lässigkeit zu machen.

Durch die vorhergehenden Ratschläge und Vorschriften habe ich mich bemüht zu zeigen, welche allgemeinen und wesentlichen Betrachtungen den Komponisten leiten sollen, ohne mir anzumaßen, die unzähligen Fälle vorauszusehen, die in der Praxis dem Orchestrator sich bieten werden. Nach Angabe einiger Beispiele gut klingender Akkorde verweise ich den Leser auf das Studium der Partituren, in welchen er bei sorgfältiger Prüfung die Prinzipien der Disposition der Instrumente und die Verdoppelungen kennen-lernen kann.

Viertes Kapitel

Die orchestrale Faktur.

Von den verschiedenen Arten, ein und dieselbe Musik zu orchestrieren.

Es gibt Fälle, wo der Gedanke, der Geist, die Atmosphäre einer gewissen musikalischen Periode oder eines Moments so klar, so unbestritten sich behaupten, daß die Art, wie man solche Stelle orchestrieren soll, gar keine Zweifel zuläßt, weil jede andere Auswahl von Farben und von deren Verteilung als nicht am Platze und unangebracht erscheint. Ich erkläre mich durch ein elementares Beispiel. Nehmen wir eine kurze Periode, — in der sich eine Stelle im Charakter der Fanfaren auf dem Hintergrunde eines *tremolando* abzeichnet (das *tremolando* kann dabei mit oder ohne Harmoniewechsel sein). Ohne Zweifel wird jeder Orchestrator das *tremolando* den Streichern und die Fanfare der Trompete geben und nicht umgekehrt: d. h. die ausgehaltene Harmonie in rascher Figuration den Blechinstrumenten und die Fanfarenmelodie einem der Streicher. Was aber das erste Verfahren anbelangt, welches scheinbar das einzig passende ist und das einzige, was einem einfallen kann, — so können 'doch noch Zweifel und verschiedene Fragen auftauchen. Vielleicht sollte man das *tremolando* der Streicher durch ausgehaltene Bläserstimmen verdoppeln? Vielleicht ist die Fanfarenfigur zu hoch oder zu tief für die Trompete? Soll man sie vielleicht an zwei oder drei Trompeten *unisono* geben oder durch irgendwelche andere Instrumente verdoppeln? Kann das eine oder das andere von den aufgezählten Verfahren in Wirklichkeit angewandt werden, ohne den Sinn und den Gedanken der Musik zu entstellen? Ich will nun den Versuch machen, solche Fragen zu beantworten. Wenn der Satz für die Trompete zu tief ist, so müßte man ihn dem Horn geben, einem Instrument, das der Trompete verwandt ist. Wenn der Satz zu hoch liegt, so könnte man ihn den Oboen und Klarinetten *unisono* geben, weil diese gemischte Klangfarbe als Charakter und Kraft derjenigen der Trompete am nächsten liegt. Um die Gewißheit zu erlangen, ob man in Wirklichkeit eine oder zwei Trompeten anwenden soll, ein Horn, zwei oder vier, eine Oboe mit einer Klarinette, oder zwei Oboen mit zwei Klarinetten, — muß man sich von der Erwägung über den Grad der Stärke leiten lassen, die man dem ganzen Satze geben will. Wenn man eine große sonore Kraft erzielen will, so kann man die Instrumente doppelt, dreifach und vierfach nehmen; wenn man die entgegengesetzte Hypothese annimmt, so wird es besser sein, ein Blechinstrument solo oder zwei Holzbläser anzuwenden (z. B. 1 Ob. + 1 Clar.). Die Frage, ob man das *tremolando* der Streicher durch eine Harmonie der Holzbläser verdoppeln soll, entscheidet sich durch die Absichten des Komponisten: er wird sich sofort darüber im klaren sein. Wenn jemand aber ein fremdes Werk instrumentiert, wird er es erraten müssen. Wenn der Autor einen sehr ausgesprochenen Unterschied zwischen dem harmonischen Grund und der melodischen Zeichnung erzielen will, so muß er die Harmonie der Bläser nicht anwenden und die respektive Klangkraft der Harmonie und Melodie durch eine genaue Verteilung der dynamischen Nuancen zu erreichen suchen (*pp, p, f* oder *ff*). Wenn der Autor aber einen sehr vollen Grund und weniger ausgeprägten Ausdruck der Melodie haben will, so muß er die Harmonie der Bläser anwenden. Um zu wissen, welcher Gruppe der Holzbläser der Akkord zugeteilt werden soll, wird man auf folgende Weise verfahren: der Grund muß von der Melodie nicht nur durch seine Dichtigkeit und Fülle, sondern auch durch seine Farbe sich unterscheiden. Wenn also die Fanfarenmelodie den Blechinstrumenten (Trompeten oder Hörnern) gegeben ist, so wird man die Harmonie den Holzbläsern zuteilen; wenn sie aber den Holzbläsern gegeben ist (Oboen und Klarinetten), so wird man die Harmonie eher den Hörnern zuteilen. Also, um zum Schlusse zu gelangen: der Autor muß Erkenntnis seiner Absichten haben, und derjenige, welcher ein fremdes Werk instrumentiert, muß von den Absichten des Autors durchdrungen sein. Hier erhebt sich eine neue Frage: welche Absichten muß der Autor haben? Und diese Frage ist viel komplizierter. Die orchestralen Absichten des Autors müssen mit der Form seines Werkes, mit der ästhetischen Bedeutung der ganzen Periode oder des entsprechenden Moments und im Zusammenhang mit dem Ganzen verbunden sein.

Die Auswahl für einen Abschnitt eines orchestralen Verfahrens hängt von der musikalischen Substanz und von der Farbe des vorhergehenden und nachfolgenden Abschnitts ab. Ist dieser Abschnitt ein Pendant oder ein Kontrast zu dem vorhergehenden und nachfolgenden, ist er ein Gipfel oder bloß eine Stufe in·dem allgemeinen Gang des musikalischen Gedankens, — das alles sind sehr wichtige Fragen. Es ist selbstredend ganz unmöglich daran zu denken, hier alle möglichen Fälle der Zusammenhänge dieser Art zu erörtern, oder die Verhältnisse zwischen jedem in diesem Buche zitierten Satz und den mit ihm verknüpften Stellen zu schildern. Deswegen rate ich dem Leser, sich nicht nur an die hier gegebenen Beispiele zu halten, sondern diese Stellen in den Partituren selbst nachzuschlagen und dort ihre Funktionen in bezug auf das Ganze zu erkennen suchen. Trotzdem aber werde ich, — soweit es im Bereiche der Möglichkeit ist, — diese Frage in dem folgenden Entwurf zu berühren versuchen. Ich muß damit beginnen, daß die jungen und unerfahrenen Komponisten nicht immer eine klare und genaue Erkenntnis ihrer eigenen Absichten besitzen. In dieser Richtung kann man nur dann Fortschritte machen, wenn man gute Partituren liest und oft Orchesteraufführungen beiwohnt, wohlgemerkt aber beides mit der größtmöglichen Aufmerksamkeit und mit Bedacht. Die Kühnheit, d. h. das bis zur äußersten Grenze ausgedehnte Suchen in Fragen der Orchestration, ist ganz was anderes als das Resultat einer Laune des Autors: Es genügt nicht zu wollen: es gibt Dinge, die man nicht wollen muß.

Die einfachsten und primitivsten musikalischen Ideen: melodische (einstimmige) Sätze im Einklang, in Oktaven (auch in vielen Oktaven), oder solche Akkorde, die keine melodische Bedeutung haben, — kann man auf verschiedene Arten orchestrieren, wobei nur Höhenlage des Satzes, die gewünschten dynamischen Nuancen, der Grad des Ausdruckes und die nötige Färbung zu berücksichtigen sind. In vielen Fällen wird dieselbe Idee bei Wiederholungen jedesmal auf eine andere Weise instrumentiert. Weiter, wo ich mehr komplizierte Fragen erörtern soll, werden solche Fälle vielmals zur Sprache kommen, deswegen übergehe ich sie an dieser Stelle.

Beispiele:

·*Sniegurotschka* 58 ; 65 , und vor 68 — Einklang und ausgehaltene Note.

Bei musikalischen Gedanken, die weniger einfach sind, wie: harmonisch-melodische, polyphone Figurationen, — ist die Zahl der Arten der möglichen Orchestration schon sehr vermindert. Manchmal ist sie nicht größer als zwei, weil jedes von den primären Elementen (Melodie, Harmonie, Figuration, Polyphonie) seine eigenen Forderungen stellt, welche die Auswahl der Instrumente und Klangfarben bedingen. Die kompliziertesten musikalischen Gedanken, welche einen genau ausgesprochenen und spezialen Charakter haben, — lassen sehr oft nur eine Art von Orchestration zu, die im besten Falle einige solche Varianten der Einzelheiten erübrigt, welche ohne große Aufmerksamkeit kaum bemerkbar sind.

Dem hier beigefügten Beispiel sehr einfacher Faktur lasse ich einen Versuch anderer Orchestration folgen:

Beispiel:

Nr. 175. *Die Bojarin Vera Scheloga*, vor 35 — a) die wirkliche Orchestration, *b) ein anderes Verfahren.

Es ist sicher, daß bei dem Verfahren b) der Klang zufriedenstellend bleibt. Aber ein drittes oder viertes Verfahren wäre schon weniger zufriedenstellend. Wenn man die Reihe der Varianten fortsetzen würde, käme man *ad absurdum*. Wenn man z. B. die Akkorde dem Bleche zuteilte, würde man die ganze Periode schwer machen; außerdem würde man das Rezitativ des Soprans in den tiefen und mittleren Noten erdrücken. Wenn man das *Fis* im Baß den V-celli und Kontrabässen *arco* gegeben hätte, so würde die Intonation unangenehm roh sein; bei Fagotten würde diese kurze Note einen komischen Effekt hervorbringen; bei Blechinstrumenten — Schwere, Roheit usw.

Wenn Perioden oder Sätze desselben musikalischen Inhalts auf verschiedene Weisen orchestriert werden, so geschieht das, um entweder die Farbe oder die Klangkraft zu verändern. In beiden

Fällen greift man bei solchem Verfahren entweder zum Tausch der Rollen, welche jede von den Gruppen spielt oder zu Verdoppelungen, — oder auch zu beiden Mitteln zu gleicher Zeit. Das Vertauschen der Rollen ist sehr oft unmöglich. In den vorhergehenden Abschnitten habe ich mich bemüht, den eigentümlichen Charakter jeden Instrumentes und jeder Gruppe dieser Instrumente zu erklären. — Andererseits sind viele Arten der Verdoppelungen zu vermeiden: ich habe sie auch oben erwähnt. Schließlich gibt es Instrumente, die zur Verbindung miteinander wegen der Differenz ihrer Eigenschaften in bezug auf gewisse Verfahren des Orchestrierens gar nicht geeignet sind. Aus diesen Gründen wird man in Fragen der allgemeinen Faktur des Orchesters die Vorschriften und Winke anwenden müssen, welche in den vorhergegangenen Abschnitten dieses Buches geschildert sind.

Das beste Mittel, ein und dieselbe musikalische Idee auf verschiedene Arten zu instrumentieren, besteht darin, daß man die Substanz der Musik speziell diesem Zwecke anpaßt. Die Möglichkeiten dieses Verfahrens sind folgende: a) die vollständige oder teilweise Transposition in andere Oktaven; b) Wiederholung in anderer Tonart; c) Ausdehnung der allgemeinen Breite durch Zusatz von Oktaven in der Höhe oder in der Tiefe; d) Einführung von Veränderungen der Einzelheiten oder der Ensembles und von Varianten der Faktur (der am häufigsten vorkommende Fall); und e) Veränderung der allgemeinen Dynamik: z. B. Wiederholung *piano* eines Satzes, der zuerst *forte* gegeben war.

Diese Verfahren, welche zur Realisation einer Farbenveränderung angewandt werden oder plötzlich aus Gründen, die in dem Prinzip der Formen des Werkes selber wurzeln, erscheinen, sind immer als glückliches Resultat in bezug auf Mannigfaltigkeit der Orchesterfarben zu bezeichnen.

Beispiele:

Nr. 176, 177. *Das Osterfest* [A] und [C].

Die Weihnachtsnacht [158] und [179].

Nr. 178—181. *Die Zarenbraut*, Ouverture, Anfang, [1], [2], [7].

Sadko [99—101] und [305—307] (vgl. Beisp. 289, 290 und 75).

Nr. 182—186. *Legende vom Zaren Saltan* [14], [17], [26], [28], [34].

Nr. 187—189. *Legende vom Zaren Saltan* 181 , 246 , 220 .

*190—191. *Pskovitianka*, Ouverture 5 und 12 .

Capriccio espagnol — vgl. 1. und 3. Satz.

*192—195. *Sheherazade*, 1. Satz, Anfang des *Allegro.* A , E , M .

„ 3. „ „ A . I .

„ 3. „ E , G , O .

*Nr. 196—198. *Kitesh* 55 , 56 , 62 .

*Nr. 199—201. „ 68 , 70 , 84 .

(Vgl. Beisp. 213, 214. *Kitesh* 294 und 312).

*Nr. 202—203. *Der goldne Hahn* 229 , 233 .

Diese Arten, eine Periode oder einen Moment desselben oder analogen musikalischen Inhalts verschiedenartig zu orchestrieren, bilden selbst das Prinzip einer Anzahl musikalischer Verfahren, wie: *crescendo*, *diminuendo*, Abwechslung der Klangfarben, Veränderung der Färbung usw., und beleuchten wesentlich das Grundprinzip der orchestralen Struktur.

Große *Tutti.*

Der Ausdruck *tutti* bezeichnet gewöhnlich das gleichzeitige Spiel aller Instrumente des Orchesters. Doch muß das Wort Alle (*tutti*) nur relativ verstanden sein, weil es gar nicht notwendig ist, daß wirklich sämtliche Instrumente eine gewisse Stelle spielen, welche *tutti* bezeichnet ist. Um die nachfolgenden Erklärungen deutlicher zu machen, werde ich zwei Arten *tutti* unterscheiden: gro ß es und kleines *tutti*, und das ganz unabhängig von der Zusammensetzung des Orchesters (d. h. à zwei, drei, vier usw.) Ich werde mit gro ß em *tutti* die Verbindung aller melodischen Gruppen des Orchesters bezeichnen: Die Streicher, Holz- und Blechbläser. Unter kleinem *tutti* werde ich solche Zusammensetzung verstehen, bei welcher die Blechinstrumente nur teilweise mitwirken: wenn z. B. die Posaunen, Tuba oder Trompeten fehlen oder bloß zwei Hörner oder zwei Trompeten spielen; oder auch, wenn zwei Hörner oder 3 Posaunen ohne Tuba, Trompeten und die anderen Hörner spielen:

$$\left[\begin{array}{ccc} 4 \text{ Cor.} & 2 \text{ Cor.} & 2 \text{ Cor.} \\ & \text{oder 2 Tr-be oder} & \ldots \ldots \text{ usw.} \\ & & 3 \text{ Tr-bni} \end{array}\right].$$

In beiden Fällen der *tutti* können die Holzbläser alle oder teilweise mitspielen, je nach dem musikalischen Inhalt und der Höhenlage. So wäre in der hohen Lage das Mitspielen der kleinen Flöte unumgänglich, — in einer tiefen könnten die großen Flöten überflüssig werden, ohne daß deswegen das *tutti* aufgehoben wäre.

Das Mitspielen der Pauken, der Harfe und anderer Instrumente mit kurzer Klangdauer, ebenso wie der Schlaginstrumente in kleinerer oder größerer Anzahl kommt nicht in Betracht bei der Bezeichnung *tutti*.

Je größer die Zahl der an einem *tutti* teilnehmenden Instrumente ist, desto größer ist die Möglichkeit zu variieren. Diese Mannigfaltigkeit der Varianten ist so beschaffen, daß man eigentlich gar nicht in Betrachtungen darüber eingehen oder irgendwelche Bezeichnungen geben kann. Es scheint mir am besten zu sein, einige Beispiele der großen und kleinen *tutti* zu geben, damit der Leser selbst die entsprechenden Möglichkeiten des Verfahrens daraus ersehen und sich aneignen kann. Ich werde einige dieser Beispiele als kleine und große, in beiderlei Form geben. Ich möchte noch hinzufügen, daß das *tutti* durch sein Wesen selbst gewöhnlich nur im *forte* und *fortissimo* anzuwenden ist, und nur sehr selten im *piano* und *pianissimo*.

Beispiele:

Sniegurotschka `61` und `62` — kleines und großes *Tutti*.

„ `231` — Kl. *Tutti* ohne Trompeten (vgl. Beisp. 8).

Nr. 204. *Sniegurotschka* `216` — Großes *Tutti*.

„ `325—326` — Großes *Tutti* und Chor (vgl. Beisp. 95).

Sadko `3`, `223`, `239` — Großes *Tutti* (vgl. Beisp. 86).

Nr. 205—206. *Sadko* `173`, `177` — Großes *Tutti* mit Chor in verschiedenen Orchestrationen.

Nr. 207—208. *Die Weihnachtsnacht* `184`, `186` — Großes *Tutti*, verschieden instrumentiert, mit und ohne Chor.

Die Zarenbraut, Ouverture `1`, `2`, `7` — Kleines und großes *Tutti* (vgl. Beisp. 179—181).

„ „ `141` — Großes *Tutti*.

„ „ `177` — Großes *Tutti*.

Der Wojewode `186`, `188` — Großes *Tutti*.

Antar $\boxed{65}$ — (vgl. Beisp. 32).

Nr. 209. Sheherazade 3. Satz $\boxed{M}$; vgl. auch 1. Satz $\boxed{A}$, $\boxed{E}$, $\boxed{H}$; 2. Satz $\boxed{K}$, $\boxed{P}$, $\boxed{R}$; 3. Satz $\boxed{Q}$, $\boxed{O}$; 4. Satz $\boxed{G}$, $\boxed{P}$, $\boxed{W}$ und weiter bis $\boxed{Y}$ (Nr. 193, 194, 19, 66, 77).

Capriccio Espagnol $\boxed{B}$, $\boxed{F}$, $\boxed{J}$, $\boxed{P}$, $\boxed{V}$, $\boxed{X-Z}$ (vgl. Beisp. 3).

Das Osterfest $\boxed{F}$, $\boxed{J}$, vor $\boxed{L}$, $\boxed{Y}$ und bis an das Ende.

3. Symphonie, 1. Satz $\boxed{D}$, $\boxed{R-T}$, $\boxed{X}$; 2. Satz $\boxed{A}$, $\boxed{E}$; 4. Satz $\boxed{A}$, $\boxed{H}$, $\boxed{S}$.

Sadko, symphonisches Gemälde $\boxed{20-24}$.

Mlada, 3. Akt $\boxed{12}$ (vgl. Beisp. 258).

*Beispiele von *Tutti*-Akkorden befinden sich im 2. Band in der speziellen Tabelle.

Tutti der Bläser.

Die Gruppen der Holz- und Blechbläser können für kürzere oder längere Perioden die *Tutti* allein ausführen. Manchmal sind sie auch von den Holzbläsern allein ausgeführt, aber öfter mit Unterstützung der Hörner. Zuweilen findet man die Blechinstrumente allein, ohne Holzbläser. Schließlich gibt es auch solche Fälle, wo die Instrumente dieser beiden Gruppen in verschiedener Anzahl bei den *Tutti* teilnehmen. Das Mitspielen der Pauken und anderer Schlaginstrumente bei solchen *Tutti* ist häufig (was man in deutsch „Türkische" oder „Janitscharen-Musik" nennt). Bei den *Tutti* der Bläser ist ziemlich oft das *pizzicato* der V-Celli und C-Bässe zu beobachten, wobei diese letzteren eine mehr oder weniger große Rolle spielen; auch kommt es vor, daß andere Streicher (*pizzicato*) und die Harfe daran teilnehmen, wobei sie den ausgehaltenen Noten der Bläser eine größere Präzision geben. Die *Tutti* der Holzbläser und Hörner können im *forte* keine große Kraft erreichen; dagegen aber sind die Blechinstrumente von einer sehr großen Stärke. Die Teilnahme der Holzbläser und Streicher in Pedal- und ausgehaltenen Noten in den nachfolgenden Beispielen bringt keine wesentliche Veränderung des Charakters der *Tutti* mit sich.

Beispiele:

Nr. 210—211. *Sniegurotschka* $\boxed{149}$, $\boxed{151}$ (vgl.).

Legende vom Zaren Saltan $\boxed{14}$, $\boxed{17}$, $\boxed{26}$ (vgl. Beisp. 182—184).

Der Wojewode 57, 186, 262.
Nr. 212. *Pskovitianka,* 2. Akt 19, vgl. auch 3. Akt 5.
* Nr. 213—214. *Kitesh* 294, 312 (vgl.).
* Nr. 215. *Der goldene Hahn* 116; vgl. auch 82 und 84.
* *Antar* 37 (vgl. Beisp. 65).

Großes *Pizzicato (Tutti pizzicato).*

Das *pizzicato* aller Streicher, zuweilen mit der Harfe und dem Klavier, bildet einen besonderen Fall für sich, ein besonderes *Tutti,* welches aber ohne Unterstützung der Bläser keine große Kraft erreichen kann. Es bildet einen Klang mittlerer Stärke, aber mit gewissem Glanz.

Beispiele:

Nr. 216. *Sniegurotschka,* vor 128; vgl. auch 153 und vor 305.
* Nr. 217. *Das Osterfest* K; vgl. auch U und V.
* *Capriccio Espagnol* A, C, vor S, vor P; vgl. auch O (Beisp. 56).
Mlada, 2. Akt 15.
* *Sadko* 220 (vgl. Beisp. 295).
* *Kitesh* 101.
* Nr. 218. *Die Mainacht.* 1. Akt. Lied des Bürgermeisters — Streicher und *pizzicato.*

Tutti ein=, zwei= und dreistimmig.

Es kommt vor, daß ein mehr oder weniger großes Orchester-Ensemble an einem reellen ein- oder zweistimmigen Satz in Oktaven oder *unisono* teilnimmt. Die melodischen Stellen dieser Art haben eine ziemlich gewöhnliche Instrumentation mit den gebräuchlichen Verdoppelungen, oder der Stil ist auch blumig, mit Kontrasten in den Klangfarben, zuweilen auch von ausgehaltenen Noten begleitet.

Beispiele:

Sniegurotschka, vor 152, 174, 176.
Die Zarenbraut 120—121 (vgl. Beisp. 63).
Der goldene Hahn 215.

*Nr. 219—221. *Kitesh* 142, 144, 147 — *Tutti* — dreistimmig, verschiedenartige Instrumentation.
* *Kitesh* 138, 139 — *Tutti* — einstimmig.

Soli der Streichinstrumente.

So oft — in jedem beliebigen Orchesterstück — die Melodien, Sätze und kurze Motive von den Blechinstrumenten *solo* (wenn diese Abschnitte länger sind, werden sie gewöhnlich von dem ersten Instrument jeder Art ausgeführt) gespielt werden, ebenso selten sind die *Soli* bei den Streichern. Die Fälle, wo die erste Violine oder das erste Cello solche Stellen ausführen, sind verhältnismäßig häufig, aber das *Solo* der Bratsche ist ziemlich selten, und ein *Solo* des Kontrabasses ist eine große Seltenheit. Man gibt den Instrumenten im *Solo* solche Stellen, die einen besonderen Ausdruck verlangen, oder solche, wo die Ausführung eine Virtuosität erfordert, welche die Grenzen der gewöhnlichen orchestralen Technik überschreitet und einen besonders tüchtigen Spieler erheischt. Die verhältnismäßig schwache Klangkraft eines Streichers im *Solo* bedingt eine zarte und durchsichtige Begleitung. Auf jeden Fall muß man in einem Orchesterstück jedes sehr schwere, konzertmäßige Solo vermeiden, weil die Aufmerksamkeit zu sehr und ausschließlich auf dieses Solo konzentriert wird. Die Soli der Streicher werden auch nur da angewandt, wo keine Kraft des Ausdruckes und keine außerordentliche Technik notwendig ist, sondern nur die besondere Klangfarbe, welche von derjenigen der zusammenspielenden Streicher verschieden ist. Es gibt Fälle, wo zwei Instrumente für das *Solo* im Einklang verwendet werden: z. B. 2 *Viol. soli* usw. Man kann auch die Anwendung für das *Solo* eines Streichquartetts als einen sehr seltenen Fall erwähnen.

Violino solo: *Beispiele:*

Nr. 222—223. *Sniegurotschka* 54, 275.
Die Mainacht, S. 64—78.
Mlada, 1. Akt 52; 3. Akt, vor 19.
* *Zaubermärchen* W.
* *Sheherazade*, 1. Satz C, G; auch die Kadenzen am Anfang eines jeden Satzes.

Capriccio Espagnol [H], [K], [R] und die Kadenz S. 38.

*Nr. 224. *Kitesh* [310] — V-no solo, auf dem Grunde der Holzbläser und Streicher *sul ponticello*.

Sniegurotschka [274], [279] — 2 Viol.-soli (vgl. Beisp. 9).

Viola solo:

Nr. 225. *Sniegurotschka* [212].

Sadko [137].

*Nr. 226. *Der goldene Hahn* [163]; vgl. auch [174], [177].

Violoncello solo:

Sniegurotschka [187] (vgl. Beisp. 102).

Die Weihnachtsnacht, vor [29], [130].

Mlada, 3. Akt [36].

* *Der goldene Hahn* [177], [180] (vgl. Beisp. 229).

Contrabasso solo:

*Nr. 227. *Mlada*, 2. Akt [10—12] — besonderer Fall, wo die
Stimmung der ersten Saite verändert ist.

Quartetto solo:

Die Weihnachtsnacht [222] — Viol., V-la, V-cello, C-basso.

*Nr. 228. *Legende vom Zaren Saltan* [248] — V-no I, V-no II,
V-la, V-cello.

*Man muß nicht den Fall vergessen, wo ein Streicher *solo* durch
einen Holzbläser verdoppelt ist. Dieses Verfahren wird angewandt,
um eine große Reinheit und ebensolche Fülle des Klanges zu
erreichen, ohne den Charakter des *Solos* zu verändern (besonders
im tiefen und hohen Register) oder um einen Farben-Effekt zu
erzielen.

Beispiele:

Mlada, 2. Akt [52] — Viol. + Fl.; 4. Akt [31] — Viol. + Fl.
+ Arpa.

Die Weihnachtsnacht [212] — 2 Viol. + Fl. + Clar. picc. (vgl.
Beisp. 153).

Der Wojewode [67] 2 V-ni + 2 Ob.; 2 V-le + 2 Clar.

Kitesh 306 — C-basso + C-fag. (vgl. Beisp. 10).

„ 309 — V-no + Fl.

*Nr. 229. *Der goldene Hahn* 179 — V-no + Fl. picc.; V-cello + Cl.-basso.

*Wie es schon im Kap. II gesagt ist, genügen 2 Solo-Violinen, oder eine Violine *solo* + Flöte (Fl. picc.), um eine Melodie in der hohen Lage zu verdoppeln.

Beispiele:

Sadko 207 — vgl. Kap. II und Beisp. 24.

*Nr. 230. *Das Osterfest*, S. 32. — 2 Viol. *soli* (Flageolett-Töne).

*Nr. 231. *Kitesh* 297 — 2 Viol. *soli* + Fl. picc.

Die oberste und unterste Grenze der Orchesterskala.

Es ist sehr selten, daß der ganze orchestrale Gedanke sich bei der obersten Grenze der Orchesterskala konzentriert (d. h. 5. und 6. Okt.). Noch seltener ist es, daß die ganze Lage in der Tiefe liegt (1 und — 1 Okt.), wo die engen harmonischen Intervalle einen schlechten Eindruck auf das Ohr machen. Im ersten Falle wendet man die höchsten Holzblasinstrumente (Flöten und kleine Flöte) an, auch die höchsten Noten der Violinen *soli* oder *divisi*. Im zweiten — das Kontra-Fagott, die untersten Töne des Fagotts, die Baß-Klarinette, die Hörner, Posaunen und Tuba. Das erste Verfahren gibt eine helleuchtende Färbung, das zweite — eine doppelt so dunkle. Das Umgekehrte wäre grundsätzlich unmöglich.

Beispiele:

Der Wojewode 122, 137

Servilia 168, 8. Takt (vgl. Beisp. 62) } tiefe Lage.

Nr. 232. *Der goldene Hahn* 220; vgl. auch 218, 219

* *Sniegurotschka*, vor 25

* *Kitesh*, vor 34

*Nr. 233. *Der goldene Hahn* 113, 117 } hohe Lage.

*Nr. 234. *Sheherazade*, 2. Satz, S. 59—62

Es kommt sehr selten vor, daß zwischen den oberen und unteren Stimmen eines Satzes große Zwischenräume leer bleiben, ohne daß die mittleren Oktaven ausgefüllt sind, denn das Grundprinzip der guten Verteilung der Akkorde liegt hierin. Doch kann die fremdartige, ungewöhnliche und bizarre Klangwirkung, die daraus entstehen mag, zu fantastischen Effekten verwendet werden. In dem ersten der nachfolgenden Beispiele befindet sich das figurierte Motiv der kleinen Flöte (verdoppelt durch die Harfe und das Glockenspiel) zirka vier Oktaven höher als die Baßstimme, welche von einem Kontrabaß-Solo und der Tuba gespielt wird. In der 3. Oktave aber sind die verminderten Quinten und übermäßigen Quarten der zwei großen Flöten, welche die zwischenliegende Region ausfüllen. Sie vermindern die Entfernung zwischen den äußersten Stimmen und verbinden sozusagen diese miteinander. Der allgemeine Eindruck ist ganz fantastisch.

Beispiele:

Nr. 235.   *Sniegurotschka* 235 .

*Nr. 236.   „   315 , 5. und 6. Takt.

                     „   274 (vgl. Beisp. 9).

Zaubermärchen A .

Der goldene Hahn 179 , 9. Takt (vgl. Beisp. 229).

Transmission von Sätzen.

Man gebraucht nicht selten ein Verfahren, daß darin besteht, daß man einen Satz oder eine Figur von einem Instrument auf ein anderes überträgt. Um die Teile solcher Sätze besser aneinander zu binden, läßt man die letzte Note jedes Teiles mit der ersten des nächsten zusammenfallen. Man greift zu diesem Mittel bei Sätzen und Passagen, die sehr ausgedehnt sind und für ein und dasselbe Instrument unausführbar wären, oder wenn man einen Satz in zwei Teile verschiedener Klangfarbe zerlegen will.

Beispiele:

* *Sniegurotschka* 137 — Die Melodie geht von den Violinen zu der Flöte und der Klarinette über (vgl. Beisp. 28).

* *Sniegurotschka,* vor 191 — Viol. solo — V-cello solo.

Der Wojewode 57 — Tr-bni — Tr-be; Cor. — Ob. + Clar.

Ähnliches Verfahren wendet man auch dann an, wenn ein Satz durch die ganze Orchesterskala oder ihren größten Teil geht. Wenn ein Instrument den Teil beendet, welcher ihm der Höhenlage gemäß zukommt, so löst es ein anderes ab, indem es so einsetzt, daß eine oder einige Noten beide gemeinschaftlich spielen. Die Verteilung wird so gemacht, daß das klangliche Gleichgewicht des Ganzen unverletzt bleibt.

Beispiele:

Sniegurotschka 36 , 38 , 131 — Streicher.

Die Zarenbraut 190 — Holzbläser.

Sadko 72 — Streicher (vgl. Beisp. 112).

„ 223 — „

Die Weihnachtsnacht, vor 180 — Streicher, Holzbl. und Chor (vgl. Beisp. 132).

Nr. 237. Die Weihnachtsnacht, vor 181 — Figuration bei den Streichern.

Servilia 111 — Streicher (vgl. Beisp. 88).

„ 29 — 5. Takt, Ob. – Fl.; Clar. — Cl.-basso, Fag.

Nr. 238. *Der goldene Hahn,* vor 9 — Holzbläser.

* „ „ „ 5 — Fag. — Cor. ingl. (+ V-celli *pizz.*)

Abwechslung von Akkorden verschiedener Klangfarbe.

1. Einfache Abwechslung von Akkorden, die von verschiedenen Gruppen gespielt werden, ist ein sehr häufig gebrauchtes Verfahren. Wenn zwischen den Akkorden ein Unterschied in der Höhenlage ist (d. h. der eine tief, der andere hoch), so ist es erforderlich, auf die regelrechte Stimmführung zu achten und die Stimmen so weiterzuführen, als ob kein Sprung in Oktaven vorhanden wäre: dieses Prinzip ist besonders bei chromatischen Bewegungen wichtig, um falsche Verbindungen zu vermeiden.

Beispiele:

Nr. 239. *Pskovitianka,* 2. Akt 29 .

Nr. 240—241. *Die Zarenbraut* 123 , vor 124 .

*Nr. 242—243. „ „ 178 , 179 .

* *Anmerkung.* Zuweilen kann man die Regeln der Stimmführung außer acht lassen, um einen größeren Kontrast der Farben zwischen den beiden Akkorden herbeizuführen.

Beispiele:

* *Sheherazade,* Anfang, 8. Takt. (Die chromatische Bewegung im 12. Takt wird von denselben Instrumenten weitergeführt. Deswegen spielt am Anfang die 2. Klarinette höher als die erste.) Vgl. Beispiel 109.

* *Die Weihnachtsnacht,* Anfang. (Vgl. Beispiel 106.)

2. Ein anderes ausgezeichnetes Verfahren besteht darin, daß man einen Akkord oder seine Umkehrung von der einen Gruppe einer anderen übergibt. Dieses Verfahren erfordert eine ganz genaue Stimmführung und gleiche Höhenlage. Die erste Gruppe intoniert den Akkord in kurzen Noten und die zweite übernimmt ihn gleichzeitig in derselben Position und Disposition, in derselben oder in einer anderen Oktave. Die dynamischen Nuancen der beiden Gruppen können dabei verschieden sein.

Beispiele:

Pskovitianka, Anfang der Ouverture (vgl. Beisp. 85).

Nr. 244. *Sniegurotschka* 140 .

Verstärkung (Zugabe) und Abnahme der Klangfarben.

Das Verfahren der Gegenüberstellung von Klängen verschiedener Gruppen (* oder verschiedener Klangfarben derselben Gruppe) bei langgezogenen Noten oder Akkorden verwandelt plötzlich oder gradweise eine einfache Klangfarbe in eine zusammengesetzte. Dieses Verfahren gebraucht man, um ein *crescendo* hervorzubringen. In der Zeit, wo die erste Gruppe gradweise ein *crescendo* markiert, tritt die andere Gruppe ein (*piano* oder *pianissimo*) und markiert das *crescendo* rascher. Das ganze Ensemble des *crescendo* wird auf diese Weise gedehnter und die Klangfarbe wechselt. Das entgegengesetzte Verfahren, wenn man von einer zusammengesetzten Klangfarbe zu einer einfachen schreitet, indem man eine Gruppe nach der anderen zum Schweigen bringt, — ist das Wesentliche des *diminuendo.*

Beispiele:

Nr. 245. *Sniegurotschka* 313 .

„ 140 (vgl. Beisp. 214).

Zaubermärchen [V].
Sheherazade, 2. Satz [D] (vgl. Beisp. 74).
*   „   4. „ S. 221.
Nr. 246. *Servilia* [228]; vgl. auch [44].
Die Weihnachtsnacht [165] (vgl. Beisp. 143).
Nr. 247. *Die Zarenbraut*, vor [205].
*Nr. 248. *Das Osterfest* [D].
*Nr. 249—250. *Kitesh* [5], [162].

Wiederholung, Imitation, Echo.

Die Sätze, welche sich gegenseitig nachahmen, sind in der Wahl der Klangfarben der schon oft erwähnten normalen Höhenordnung unterworfen. Wenn ein Satz in der Höhe imitiert wird, so gibt man ihn einem Instrument höherer Lage und umgekehrt. Wenn man die normale Höhenordnung nicht respektiert, wird die Klangwirkung affektiert: wenn z. B. die Klarinette im hohen Register der Oboe im tiefen antwortet usw. Wenn auch verschiedenartige Sätze sich abwechseln, die bloß im Charakter ähnlich sind, so muß dieselbe Regel beibehalten werden. Wenn aber auch der Charakter der Sätze verschieden ist, so wird man für jeden der Sätze eine entsprechende Klangfarbe suchen müssen.

Beispiele:

Die Zarenbraut [157], [161].
Kitesh [40—41].
*Nr. 251. *Capriccio Espagnol* [S].

Für das Echo, d. h. eine Imitation, die außer dem schwächeren Klang auch den Eindruck der Entfernung machen soll, muß man das zweite Instrument von schwächerer Klangfarbe wählen, aber ein ähnliches oder verwandtes. Ein Echo dieser Art, das von gestopften Blechinstrumenten gespielt wird als Wiederholung desselben Satzes, welcher ohne Sordinen gespielt war, klingt wirklich wie aus der Ferne. Die Trompeten mit Sordinen antworten ganz wunderbar dem Klang der Oboen, die Flöten — den Klarinetten und Oboen. Das Echo eines Holzblasinstruments, als Antwort auf die

Streicher oder umgekehrt, — hat zuviel Unterschied in der Klangfarbe, um dieser Absicht zu entsprechen. Die Imitation in einer Oktave (mit kleinerer Klangstärke) erzeugt etwas dem Echo Ähnliches.

Beispiele:

Pskovitianka, 3. Akt 3 .

* Nr. 252. *Sadko* 264 .

**Capriccio Espagnol* E — Dieses Beispiel ist nicht ein wirkliches Echo, aber ähnlich im Charakter (vgl. Beisp. 44).

* *Sheherazade*, 4. Satz, vor O .

Akkorde *sf* > *p* und *p* < *sf.*

Außer der natürlichen Art, diese Nuancen dynamisch, durch die Spieler selbst zu erzeugen, kann die Orchestration dasselbe Ziel auf künstliche Weise erreichen.

a) Im Moment, wo die Bläser einen Akkord *piano* spielen, geben die Streicher derselben trocken und stark (*sf*), vorzugsweise in vielsaitigen Akkorden, *arco* oder *pizzicato* nach Wunsch des Orchestrators. * Für den entgegengesetzten Effekt wird der *sf*-Akkord der Streicher zum Schluß des Bläserakkords intoniert. Es ist klar, daß das erste Verfahren auch dem *sf-dim.* und das zweite dem *cresc.-sf* dienen kann.

b) Den langgezogenen Akkord den Streichern — und den kurzen den Bläsern zuzuteilen, ist seltener und von nicht so guter Wirkung. * In solchen Fällen würde der lange Akkord von den Streichern *tremolando* gespielt werden müssen.

Beispiele:

Die Bojarin Vera Scheloga, vor 35 ; 38 , 10. Takt.

* Nr. 253. *Kitesh*, vor 15—16 .

* *Sheherazade*, 2. Satz P , 14. Takt.

Mittel, um einen gewissen Moment zu unterstreichen.

Außer den dynamischen Nuancen ⊏⊐ und *sf* gebraucht man zur Unterstreichung eines solchen Moments erstens Akkorde der Streicher à zwei, drei und vier Noten, die im Laufe der Melodie an gewissen Stellen als einzelne Noten auftreten und zweitens — kurze Akkorde der Holzbläser oder kurze (drei, vier Noten) Gruppen von Noten in Tonleiterform sowohl von Holzbläsern, als auch von den Streichern.

Diese Gruppen von Noten, welche eine Art *glissando* vorstellen, sind meistens von unten nach oben gerichtet, aber zuweilen auch umgekehrt. Man schreibt sie gewöhnlich in kleinen Noten und ein Verbindungsbogen knüpft sie meistens an die reelle Note, an die sie herankommen. Bei den Streichern kann man sie nicht vor Tripel- und Quadrupelgriffe setzen, weil das schwer ausführbar wäre.

Beispiele:

Nr. 254. *Die Zarenbraut* [142] — Gruppen der Streicher.

* Nr. 255. *Sheherazade,* 2. Satz [C] — Kurze Akkorde *pizzicato.*

*   „   [P] — Kurze Akkorde der Holzbläser (vgl. Beisp. 19).

Crescendo und *diminuendo.*

Die kurzen *crescendi* und *diminuendi* erzeugt man gewöhnlich durch natürliche dynamische Mittel; wenn sie aber von längerer Dauer sind, so erhält man sie durch gleichzeitiges Auftreten dieser dynamischen mit den orchestralen Mitteln. Nach den Streichern ist die Blechgruppe am meisten dazu geeignet; sie erzeugt am besten das *crescendo,* welches sie zum glänzendsten *sforzando* bringt. Das beste *diminuendo* erreichen die Klarinetten, welche das vollkommenste Absterben des Klanges erzielen können (*morendo*). Die langen *crescendi* erzielt man im Orchester durch stufenweise Vergrößerung der Zahl der Instrumente, und zwar in folgender Reihenfolge: Streicher, Holz, Blech. Das *diminuendo* erreicht man auf umgekehrte Weise (Reihenfolge der Abnahme: Blech, Holz, Streicher). Die zu sehr große Ausdehnung der stufenweisen *crescendi* und *diminuendi* erlaubt es nicht, im Rahmen dieses Buches Beispiele davon zu geben. Ich verweise deshalb den Leser auf die Partituren und gebe folgende Stellen an:

* *Sheherazade* S. 5—7, 92 —96, 192—200.

* *Antar* [6], [51].

Die Weihnachtsnacht 183 .
Sadko 165—166 .
Die Zarenbraut 80—81 .

In den zitierten Beispielen wird man viele kürzere Beispiele der *crescendi* und *diminuendi* finden.

Auseinander= und zusammengehende Fortschreitungen.

Meistens sind die auseinandergehenden harmonischen Fortschreitungen wesentlich nichts anderes als Steigen der oberen drei Stimmen mit heruntergehendem Baß. Bei solcher Bewegung wird der ursprünglich unbedeutende Zwischenraum immer größer. Die zusammengehende Bewegung erzeugt das entgegengesetzte Phänomen: die oberen drei Stimmen, die zuerst weit von dem Basse entfernt waren, nähern sich ihm. Zuweilen erfordern diese Bewegungen außerdem noch Verstärkung oder Verminderung der Klangstärke, indem sie *piano* anfangen und zum *fortissimo* gelangen, oder umgekehrt. Die notwendige Ausfülllung der mittleren Lage geschieht durch stufenweise Hinzusetzung neuer Stimmen so, daß die oberen Stimmen schließlich verdoppelt, verdreifacht sind. Bei der zusammengehenden Bewegung geschieht das Umgekehrte: die Stimmen, welche zuerst verdoppelt und verdreifacht waren, werden zu einfachen reduziert, indem die dublierenden Instrumente nach und nach zum Schweigen gebracht werden. Außerdem, wenn die Harmonie es zuläßt, bleibt zuweilen die Klanggruppe der Mitte während der ganzen auseinander- oder zusammengehenden Bewegung unbewegt liegen; auch kann es eine ausgehaltene Note sein, die diese ganze Bewegung zusammenhält. Nachstehend gebe ich einige doppelte Beispiele solcher Bewegungen. Das erste Paar stellt eine auseinandergehende Bewegung dar: zuerst im *piano* mit einer Singstimme, und dann im *crescendo* rein orchestral. Das zweite bietet zwei auseinandergehende Bewegungen dar: eine im *crescendo* mit stufenweiser Vermehrung der Instrumente und die andere im *diminuendo*, wobei die Streicher sich immer mehr und mehr teilen, und die Bläser nacheinander zum Schweigen kommen. Das erste Paar ist das Auftreten des Geistes der Mlada und das zweite — sein Verschwinden. Die Atmosphäre und die Färbung sind ganz fantastisch. Das dritte Paar gibt einen Fall der zusammengehenden Bewegung. Zuerst kommt ein fantastisches *pianissimo:* Die Prinzessin Wolchova erzählt von den Wundern der Unterseewelt. Dann ist der Satz rein orchestral: Auftritt des Meerkönigs unter einem starken *crescendo.* Beide Bewegungen enthalten einen ausgehaltenen, unbeweglichen Akkord der verminderten Septime. Das Aufzeichnen solcher Bewegungen erfordert von seiten des Komponisten die größte Aufmerksamkeit.

Beispiele:

Nr. 256—257. *Die Zarenbraut* 102 und 107.

Nr. 258—259. *Mlada*, 3. Akt 12 und 19.

Nr. 260—261. *Sadko* 105 und 119.

Sadko 72 (vgl. Beisp. 112).

„ vor 315.

**Die Weihnachtsnacht*, Anfang (vgl. Beisp. 106).

*Nr. 262. *Antar*, Ende des 3. Satzes.

Anmerkung. Die ausgehaltene Note zwischen den auseinandergehenden Stimmen erlaubt manchmal, den Zwischenraum in der Mitte gar nicht weiter auszufüllen.

Beispiel:

Nr. 263. *Der goldene Hahn*, vor 106.

Die Klangfarben als harmonische Faktoren.

Harmonischer Grund.

Die melodische Figuration, deren Noten hauptsächlich nicht der Harmonie angehören (durchgehende Noten, Vorschläge, Verzierungen usw.), können auch nicht, sobald sie eine längere Dauer besitzen, — zusammen mit reellen harmonischen Noten fortschreiten:

Wenn man die figurierte Stimme eine Oktave tiefer setzt, wird die Härte vermindert. Auch vermindert sich die Härte mit der

Schnelligkeit der Bewegung (und umgekehrt), deswegen ist es schwer, irgendeine bestimmte Regel in bezug auf die Dauer der Noten anzugeben. Ohne Zweifel sind die harmonischen Noten, die in der Terz zu der Grundnote stehen, am meisten empfindlich beim Näherkommen an die nicht zur Harmonie gehörenden Noten. Wenn die Zahl der Stimmen sich vergrößert (z. B., wenn die Figuration in Terzen, Sexten geht), so wird der Fall noch komplizierter, weil zu dem harmonischen Grundgewebe sich Akkorde anderer Stufen gesellen werden, welche antiharmonische Zusammenstöße zur Folge haben werden.

Doch bringt die Orchestration mit sich eine Lösung aller Probleme in bezug auf die der Harmonie fremden Noten durch einen Faktor von größter Bedeutung: das ist die Verschiedenheit der Klangfarben. Je verschiedener diese Klangfarben der Harmonie und der Melodie (oder der figurierten Zeichnungen) sind, desto weicher sind die Zusammenstöße. Der am meisten bemerkenswerte Unterschied ist zwischen den Singstimmen (menschlichen) und dem Orchester. Dann kommen die Unterschiede zwischen den orchestralen Gruppen: Streicher, Bläser, gezupfte Saiten, Schlagzeug. Geringer ist der Unterschied zwischen den Holz- und Blechbläsern, deswegen ist bei diesen Gruppen der Zwischenraum von Harmonie und melodischer Zeichnung gewöhnlich eine Oktave. Man wird dem harmonischen Grund weniger Stärke oder kleinere dynamische Nuancen als der Melodie oder Figuration zuteilen müssen.

Beispiele des harmonischen Grundes in Akkorden:
Nr. 264. *Der Wojewode*, Vorspiel.
Kitesh, Vorspiel (vgl. Beisp. 125 und 140).
* *Mlada*, 3. Akt |10|.

Der harmonische Grund kann auch eine figurierte Disposition haben, aber sie muß sich von der gleichzeitigen melodischen abheben.
Beispiele:
* Nr. 265—266. *Die Legende vom Zaren Saltan* |103—104|, |128|, |149|, |162—165| (vgl. weiter).

Ein sehr einfacher und unbeweglicher harmonischer Grund, wie ein Akkord der Tonika oder der verminderten Septime, gestattet eine breite Möglichkeit, Akkorde anderer und entlegenster Stufen zu verwenden.

Beispiele:

Nr. 267. *Kitesh* 326—328 — Holz und Harfen auf dem Grunde der Streicher.

Nr. 268—269. *Kaschtschéi* 33, 43.

Nr. 270. *Mlada*, 2. Akt, vor 17, 18, 20.

Nr. 271. *Der goldene Hahn* 125 — Verminderte Septimen-Akkorde auf dem Grunde arpeggierter Akkorde (vergrößerte Quinte).

Die antiharmonischen Zusammenstöße zwischen zwei figurierten Zeichnungen: z. B., wenn eine Stimme eine Note intoniert, die bei der anderen vorgehalten ist, oder gleichzeitiges Auftreten einer Vergrößerung und einer Verkleinerung usw. — werden für das Ohr weicher und verständlicher durch einen ausgehaltenen harmonischen Grund anderer Klangfarbe.

Beispiele:

Kitesh 34, 36, 297 (vgl. Beisp. 34, 231).

Nr. 272—274. *Legende vom Zaren Saltan* 104, 162—165 (vgl. 147—148).

**Das Osterfest*, vor V.

Im allgemeinen ist die Frage vom Erlaubten und Verbotenen in bezug auf die Zusammenstöße der Harmonie fremder Noten — eine der schwierigsten bei der Komposition. Die Dauer solcher Noten kann man auf keine Weise feststellen. Wenn der Komponist in Ermangelung des künstlerischen Gefühls sich bloß dem Unterschiede der Klangfarben anvertraut, wird sich oft die schlimmste Kakophonie ergeben. Die Neuerungsversuche in dieser Richtung, welche man in der neuesten Nach-Wagner'schen Musik findet, sind oft sehr zu bestreiten. Sie verstumpfen das Ohr und das ästhetische Gefühl und führen zu der ungeheuerlichen Deduktion, daß alles, was gesondert gut ist, auch zusammengenommen gut sein soll.

Dekorative Effekte.

Diejenigen Verfahren der Orchestration, welche auf einigen Unvollkommenheiten des Ohres und dessen Empfangseigenschaften beruhen, nenne ich dekorative. Ich will nicht alle, welche vorhanden sind, aufzählen, noch voraussagen, welche sich bilden können; ich möchte nur eine kleine Anzahl solcher erwähnen, die ich in meinen Werken gelegentlich verwendet habe. Hierher gehören z. B. die arpeggierten Akkorde und Tonleitern der Harfe *glissando*, welche mit den gleichzeitig von anderen Instrumenten gespielten *Arpeggios* und Tonleitern nicht zusammenstimmen und welche man deswegen gebraucht, weil der Klang und Glanz der langen *glissandi* den kurzen vorzuziehen ist.

Beispiele:

Sniegurotschka [325] (vgl. Beisp. 95).

Nr. 275.   *Der Wojewode* [128].

* *Sheherazade*, 3. Satz [M], 5. Takt (vgl. Beisp. 209).

* *Das Osterfest* [D] (vgl. Beisp. 248).

* Man kann dazu auch die enharmonischen *glissandi* der Streicher zählen: Nr. 276. *Die Weihnachtsnacht* [180], 13. Takt. — V-celli *glissando*.

Die Anwendung der Schlaginstrumente für den Rhythmus und die Farbe.

Das Schlagzeug muß immer gleichzeitig mit der Ausführung einer rhythmischen Zeichnung anderer Orchesterstimmen auftreten. Ein kleiner und scherzhafter Rhythmus entspricht dem Triangel, der baskischen Trommel, den Kastagnetten, der kleinen Trommel; ein einfacher und starker Rhythmus — der großen Trommel, den Becken, dem Tam-tam. Die starken Schläge dieser Instrumente werden stets mit den starken Taktteilen der Musik zusammenfallen, oder mit sehr ausgeprägten Synkopen, oder schließlich mit den isolierten *sforzandi* des Orchesters. Die rhythmischen Motive des Triangels, der baskischen und der kleinen Trommel können sehr verschiedene Bewegungsarten haben. Zuweilen ist das Schlagzeug zu unabhängigen rhythmischen Figuren verwendet, welche von keinen anderen Instrumenten dubliert sind. * Oft geben diese Schlaginstrumente auch solchen Rhythmus, der eine Vereinfachung eines komplizierteren ist, welchen andere Instrumente spielen.

In bezug auf Färbung können am besten mit den Schlaginstrumenten die Blech- und Holzbläser vereinigt werden. Der Triangel, die baskische und kleine Trommel passen am besten zu den Harmonien in hoher Lage. Die Becken, die große Trommel und das Tam-tam — zu den Harmonien in tiefer Lage. Das *tremolo* des Triangels und der baskischen Trommel — zu den Trillern der Violinen und Holzbläser; das *tremolo* der kleinen Trommel, oder der Becken (geschlagen mit den Paukenschlägeln [colla baccheta]) zu den ausgehaltenen Akkorden der Trompeten und Hörner; das *tremolo* der großen Trommel und des Tam-tams — zu den Akkorden der Posaunen, oder ausgehaltenen Noten der V-celli und und Kontrabässe — das sind die meist gebrauchten Kombinationen. Man muß nicht vergessen, daß man mit der großen Trommel, den Becken, dem Tam-tam in Verbindung mit dem Wirbel der kleinen Trommel und im *fortissimo* jedes *Tutti* erdrücken kann.

*Der Leser wird in jeder Partitur und in vielen der hier erwähnten Beispiele verschiedene Fälle der Anwendung von Schlaginstrumenten finden. Nachstehend einige charakteristische Beispiele von *Tuttis* der Schlaginstrumente.

Beispiele:

* *Sheherazade* S. 107—119, auch viele Stellen des 4. Satzes.
* *Antar* 40 , 43 (vgl. Beisp. 73, 29).
* *Capriccio Espagnol* P (vgl. Beisp. 64), auch die Kadenzen des 4. Satzes, die von Schlaginstrumenten begleitet sind.
* *Das Osterfest* K (vgl. Beisp. 217).
* *Die Zarenbraut* 140 .
* *Kitesh* 196—197 — „Die Schlacht bei Kershenetz".
* *Der Wojewode* 71--72 .

Von der Ökonomie der orchestralen Farben.

Das Ohr und das ästhetische Gefühl können nicht ohne Ermüdung längere Zeit hindurch den Klang aller Orchestergruppen oder aller Instrumente vertragen. In dieser Richtung ist die meist favorisierte Gruppe — die der Streicher; nachher kommen der Reihe nach: die Holzbläser, das Blech, die Pauken, die Harfen und das *pizzicato;* zuletzt das Schlagzeug in folgender Reihenfolge: Triangel, Becken, große Trommel, kleine Trommel, baskische Trommel, Tam-tam. Noch weiter kommen: die Celesta, das Glocken-

spiel, das Xylophon, — welche, — trotz ihres melodischen Ver-
mögens wegen ihrer zu sehr speziellen Klangfarben schwer zu
vertragen sind, wenn sie zu oft auftreten. Das gleiche kann man
vom Klavier und den Kastaghetten sagen. In das Orchester kann man
auch eine ganze Reihe von Nationalinstrumenten (die in diesem
Buche nicht erwähnt sind) einführen, wie Gitarre, Domra, Zither,
Mandoline, orientalisches Tamburin, kleines Tamburin usw., welche
auch von Zeit zu Zeit von einigen Komponisten zu ethnographisch-
ästhetischen Zwecken gebraucht werden.

Die Reihenfolge für die Frequenz der Anwendung aller dieser
Instrumente ist in der oben erfolgten Aufzählung gegeben. Das
mehr oder weniger lange Schweigen einer Gruppe oder eines
Instruments bedingt bei seinem Auftreten eine gewisse Frische
und besonderes Interesse. Die Posaunen, die Tuba und die Trompeten
haben oft längere Pausen. Das Schlagzeug wird sehr selten angewandt und niemals auf einmal, sondern immer einzeln oder zu
zwei und drei Instrumenten. Bei Chansons und nationalen Tänzen
braucht man selbstverständlich damit nicht so sparsam zu sein.

Wenn nach einem längeren Schweigen einer der Gruppen, des
Hörner- oder Posaunen — Tuba-Quartetts diese wieder eintreten,
so muß es auf einer stark ausgesprochenen dynamischen Nuance
stattfinden, bei *pianissimo* oder *fortissimo*. Das *piano* und *forte* sind
dazu nicht mehr so gut und die dazwischenliegenden Nuancen:
mezzopiano und *mezzoforte* erzeugen ein banales und charakter-
loses Auftreten. Übrigens ist das eine Bemerkung von allgemeiner
Tragweite: aus denselben Gründen ist es nicht gut, beim Anfang
und Schluß eines Stückes die Nuancen *mf* oder *mp* zu gebrauchen.
Der Umfang des Buches der Notenbeispiele erlaubt es nicht, durch
Zitate die Frage über die orchestrale Färbung und über das durch
längeres Schweigen vorbereitete markante Eintreten zu illustrieren.
Der Leser wird dieses in den Partituren studieren müssen.

Fünftes Kapitel

Verbindung der Singstimme mit dem Orchester.
Instrumente auf der Bühne.

Begleitung von Solisten durch das Orchester.

Allgemeine Betrachtungen.

Die Orchesterbegleitung muß genügend durchsichtig sein, damit der Sänger in seinem Vortrage die Freiheit behält, ohne die Stimme anzustrengen, die nötigen dynamischen Nuancen und Ausdrücke hervorzubringen. In Augenblicken, welche einen hohen lyrischen Aufschwung und die äußerste Klangfülle der Stimme erfordern (*a piena voce*), wird die Begleitung den Sänger auch entsprechend unterstützen müssen durch Aufschwung und Verstärkung des Orchesterklanges.

Der Operngesang hat zwei große Abteilungen: den lyrischen Gesang *arioso* und die Deklamation oder das Rezitativ. Die breite Arie in langgezogenen Noten erlaubt es, den Klang oder Ton in viel höherem Grade zu entwickeln als das Rezitativ in kurzen Noten. Andererseits gestattet der mit Fiorituren (Verzierungen) ausgeschmückte Gesang nicht die Möglichkeit, dem Ton eine Fülle zu geben. Außerdem: je mehr der Gesang bewegt ist, je eigener die rhythmischen Details irgendeiner seiner Stimmen sind, — desto größere Freiheit muß man gerade in rhythmischer Beziehung dem Gesange lassen und desto weniger wird es am Platze sein, die melodischen Zeichnungen des Gesanges durch das Orchester genau zu dublieren oder den Instrumenten solche Figuren zu geben, die den Figuren des Gesanges gleich sind. Und mit allem diesen muß der Komponist, welcher eine Begleitung schreibt, zuerst sich beschäftigen, bevor er überhaupt an die Orchesterfarben zu denken beginnt. Eine schwere und verwickelte Begleitung erdrückt und tötet den Gesang: wenn sie zu einfach ist, — interessiert sie nicht; ist sie zu schwach — unterstützt sie wenig die Stimme.

In der heutigen Oper ist es nicht selten, daß das Orchester den Stimmen gar keine Begleitung im richtigen Sinne des Wortes gibt. Im Gegenteil kommt es häufig vor, daß die musikalische Hauptidee ganz und gar im Orchester liegt und sogar sehr kompliziert ist. Dann ist der Gesang der begleitende Teil: er verzichtet auf seine musikalische Unabhängigkeit und behält nur die literarische. Die melodische wie die harmonische Linie des Ge-. sangs, — sei es im Arien- oder Rezitativ-Stil, — ordnet sich dem Orchester unter und scheint später auf die Musik, die für das Orchester geschrieben ist, — aufgebaut zu sein. Sicher ist es, daß man in solchen Fällen nur dann die orchestrale Schreibweise realisieren kann, wenn man die nötigen Vorsichtsmaßregeln trifft: das Orchester muß durch seinen Klang und seine Kompliziertheit die Stimme weder am Ton noch an der Deutlichkeit der gesprochenen Worte hindern, sonst reißt der literarische Faden des Textes, und der Ausdruck und das Malerische der Orcherstermusik bleibt ohne Erklärung. Es ist auch wahr, daß gewisse Momente eine große Klangstärke erfordern, ohne die der ganze Eindruck verlorenginge. Die nötige Kraft könnte dabei so groß sein, daß sogar ein Sänger mit phänomenaler Stimme den Kampf nicht aushalten könnte, hätte er auch mit voller Stimme gesungen. In solchen Fällen, sogar wenn die Stimme gewissermaßen zu hören ist, — wirkt dieser ungleiche Kampf zwischen dem Sänger und dem Orchester peinlich auf das ästhetische Gefühl. Dieses muß der Komponist im Auge behalten und die großen Steigerungen des Orchesters auf die Stellen konzentrieren, wo die Singstimme schweigt. Ebenso muß er die vokalen Sätze und Pausen nach dem Sinne der Worte verteilen und immer beachten, daß der Gesang frei und natürlich bleiben kann. Dazu kann er vorteilhaft das *piano* und *diminuendo* des Orchesters verwenden. Wenn im Orchester ein längerer Satz *forte* vorkommt, so muß er dort angebracht werden, wo eine mimische Szene sich abspielen kann.

Jede künstliche Verminderung der Klangkraft des Orchesters, welche nicht dem Sinne der Musik entspricht und nur deswegen angebracht wird, damit die Singstimme mehr zum Vorschein kommt, — ist zu vermeiden, weil dadurch die Partie des Orchesters ihres legitimen Glanzes und Ausdruckes beraubt wird. Es ist wichtig zu bemerken, daß jeder große Unterschied zwischen dem starken und glanzvollen Klang eines rein orchestralen Satzes und dem schwachen in den Stellen, wo die Gesangstimme mitwirkt, — stets einen unvorteilhaften Vergleich zwischen den beiden vom ästhetischen Standpunkte mit sich bringen wird. Deswegen wird man sehr viel Vorsicht im Verteilen der orchestralen Farben und Klangstärken anwenden müssen, wenn man das Orchester mit Holzbläsern à drei und vier und mit Blechinstrumenten in großer Zahl verstärkt hat.

In den früheren Abschnitten habe ich an mehreren Stellen gesagt, daß die orchestrale Faktur eng mit der musikalischen verbunden ist. Wie aus den soeben gemachten Bemerkungen hervorgeht, — tritt diese Verbindung bei der Orchestration vokaler Werke besonders deutlich hervor. Kurz kann ich es so ausdrücken: das, was nicht gut komponiert ist, kann auch nicht gut orchestriert werden.

Durchsichtigkeit der Begleitung. Harmonie.

Die Gruppe der Streicher bildet das durchsichtigste harmonische Milieu, welches am wenigsten' den Gesang verdunkelt. Dann kommen die Holzbläser und später noch die Blechinstrumente in folgender Reihenfolge: Hörner, Posaunen, Trompeten. Die *Pizzicati* und die Harfe mit ihrem kurzen Klang und der Möglichkeit zu nuancieren, bieten unbestritten ein sehr günstiges Milieu für den Gesang. Allgemein gesprochen, sind die langgezogenen Klänge mehr als die kurzen imstande, den Gesang zu verdunkeln. Die Streicher, verdoppelt durch Holz- oder Blechinstrumente und die Blechinstrumente, verdoppelt durch die Holzinstrumente — bilden ein sehr geeignetes Milieu, um die Gesangstimme zu verdunkeln und zu erdrücken. Die *Tremoli* der Pauken und anderer Schlaginstrumente verdunkeln die Gesangstimme in sehr hohem Grade, ebenso wie sie jede Orchestergruppe verdunkeln. Man muß auch Verdoppelungen zwischen Blech- und Holzbläsern vermeiden, ebenso die Anwendung von zwei Klarinetten, zwei Hoboen, zwei Hörnern im Einklang (als eine harmonische Stimme): das sind alles solche Faktoren, die den Gesang verdunkeln. Die häufige Anwendung langgezogener Noten im Baß, — z. B. der Kontrabaßnoten, — ist auch dem Gesange ungünstig: die Resonanzen dieser Baßnoten kollidieren mit den Stimmen der Sänger.

Die Nebeneinanderstellung der Streicher und Holzbläser, welche den Gesang und die Deklamation beeinträchtigt, verliert diese Eigenschaft in dem Falle, wenn die eine Gruppe die Harmonie in ausgehaltenen Noten gibt und die andere eine Figuration ausführt: z. B., wenn die ausgehaltenen Noten von Klarinetten und Fagotten, oder Fagotten und Hörnern gespielt werden und die Figuration von Violinen und Bratschen ausgeführt wird — oder umgekehrt. Oder die Harmonie ist bei Bratschen und V-celli *divisi* und die harmonische Figuration bei den Klarinetten.

Die ausgehaltene Harmonie, welche sich im Bereiche der zweiten Oktave und bis zur Mitte der dritten befindet, verdunkelt nicht die Frauen-Stimmen, deren melodische Linie sich außerhalb dieser Region befindet. Sie verdunkelt aber auch nicht die Männer-Stimmen, die in derselben Lage sich befinden, weil diese Stimmen scheinbar in der höheren Oktave klingen, wie es bei der Tenorstimme der Fall ist. Im allgemeinen leiden mehr die Frauen- als die Männer-Stimmen, wenn die Harmonie sich in derselben Höhenlage befindet. Jede Orchestergruppe einzeln genommen und so angewandt, daß sie nicht zu stark klingt, ist eigentlich jeder Gesangstimme günstig. Bloß die Verbindung mehrerer Gruppen ist es nicht, falls die Gruppen keine unabhängigen Rollen spielen, sondern zusammen auftreten. Eine sich hinziehende, ununterbrochene vierstimmige Harmonie muß vermieden werden. Nur wenn Pausen eintreten; wenn die Zahl der Stimmen abnimmt; wenn einige davon ausgehaltene (Pedal) Noten spielen; wenn die Harmonie bald in einer Oktave vereinigt, bald auf viele verteilt, oder in der Höhe verdoppelt ist — dann kann auch die Verbindung den erwünschten Eindruck erzielen.

Die Anwendung dieser Verfahren ermöglicht es dem Komponisten, den Gesang zu unterstützen: er kann eine zu schwere Harmonie vermindern oder ganz fortlassen, wenn die Gesangstimme an Stärke abnimmt oder beim Übergang vom Gesang zur Deklamation; oder im Gegenteil, die Stimme bei einem Aufschwung und Steigerungen heben.

Die Linien der Figuration und Polyphonie in der Begleitung müssen möglichst wenig kompliziert sein, sonst werden sie eine zu große Anzahl von Instrumenten beanspruchen. Es gibt Zeichnungen, die an sich selbst kompliziert sind. Solche muß man wenigstens teilweise den *pizzicati* und der Harfe geben, weil sie den Klang der Singstimme am wenigsten beeinträchtigen. Ich gebe hier einige Beispiele der Begleitung des Gesangs *arioso*.

Beispiele:

Die Zarenbraut, Arie (Zusatz) von Lykow (3. Akt).

„   „   16—19 — Arie des Griasnoi.

Nr. 277.   *Sniegurotschka* 45 .

*   „   187—188 , 212—213 Zwei Kavatinen des Berendei (vgl. Beisp. 102, 225).

Nr. 278.   *Sadko* 143 .

„   204—206 — Lied des Venedigers.

* *Kitesh* 39—41 , 222—223 (vgl. Beisp. 31).

* *Der goldene Hahn* 153—157 , 163 .

Der ausgeschmückte Gesang (Fiorituri), welcher die Leichtigkeit des Ansatzes erfordert, bedingt auch eine leichtere und einfachere Begleitung, ohne Verdoppelungen und Kompliziertheit der Zeichnung.

Beispiele:

Nr. 279.   *Sniegurotschka* 42—48 — Arie der Sniegurotschka (Prolog), Fragment.

* *Sadko* 195—197 — Das Lied des Indiers (vgl. Beisp. 122).

* *Die Weihnachtsnacht* 45—50 . — Arie der Oxana.

* *Der goldene Hahn* 131—136 — Arie der Königin von Shemakha.

Verdoppelung der Stimmen.

Die Verdoppelungen der Gesangstimme durch Orchesterinstrumente in Oktaven oder im Einklang sind sehr häufig, aber die ununterbrochene Verdoppelung einer langen Periode ist absolut zu vermeiden: solche Verdoppelungen können nur für isolierte Stellen angewandt werden. Die natürlichsten Verdoppelungen der Frauenstimmen geben die Violinen, Bratschen, Klarinetten und

Hoboen. Für die Männer-Stimmen sind am besten die Bratschen, V-celli, Fagotte und Hörner. Die Verdoppelungen in Oktaven geschehen meist eine Oktave höher. Die Posaunen und Trompeten, welche die Stimme erdrücken, sind wenig zu Verdoppelungen geeignet. Die ununterbrochenen und zu häufigen Verdoppelungen sind zu vermeiden: nicht nur deswegen, weil sie dem Sänger die freie Entwicklung des Gesangs und den Ausdruck nehmen, sondern weil sie dem Klange und der so bemerkenswerten Färbung der Stimme eine andere, gemischte Klangfarbe geben. Die begrenzte, nur an gewissen Stellen angewandte Verdoppelung verschönert im Gegenteil, ziert und unterstützt die Stimme. Die Verdoppelungen können nur bei dem Gesang *in tempo* stattfinden: die gleichzeitige Ausführung in Oktaven oder *unisono* einer Stelle *a piacere* ist schwierig und macht schlechten Eindruck.

Beispiele:

Sniegurotschka 50—52 — Ariette der Sniegurotschka (vgl. Beisp. 41.)

Sadko 309—311 — Wiegenlied der Wolchowa (vgl. Beisp. 81).

Außer den Verdoppelungen, die als Verzierung und Färbung der vokalen Melodie vorkommen, gibt es Fälle, wo die Singstimme nur fragmentarische Teile einer Melodie ausführt, welche in ihrem ganzen Umfang von irgendeinem Orchesterinstrument gespielt wird. In diesem Falle ist es richtiger zu sagen, daß die Singstimme die Stimme des Instruments verdoppelt.

Beispiel:

Die Bojarin Sheloga 30 , 36 (vgl. Beisp. 49).

Eine große lyrische Steigerung des Gesangs *a piena voce* oder ein dramatischer Aufschwung in Noten, die außerhalb der normalen Oktave der Singstimme liegen, müssen melodisch und harmonisch durch das Orchester unterstützt werden, und zwar in derselben Oktave, in welcher die Stimme sich befindet, und auch in anderen Oktaven. Sehr oft ist solcher Kulminationspunkt vom Eintreten oder plötzlichen Ansetzen der Posaunen oder anderer Blechinstrumente begleitet, oder auch durch eine große Steigerung bei den Streichern. Die Verstärkung des Klanges in der Begleitung, welche mit einer Verstärkung der Singstimme zusammenfällt, macht diese letzte weicher.

Beispiele:

Nr. 280. *Die Zarenbraut* 206 .

Servilia 126—127 .

„ 232 .

Nr. 281. *Sadko* 314 .

Die Bojarin Sheloga 41 .

Wenn die Kulminationspunkte in Farbe und Konturen eine Zartheit darstellen, so ist es besser, sie vom Orchester nicht zu unterstützen. Zuweilen aber, wenn die zartesten Holzblasinstrumente in
leichten und durchsichtigen Melodien und Harmonien solche Stelle
unterstützen, erzeugen sie einen entzückenden Effekt.

Beispiele:

Sniegurotschka 188 .

„ 318 (vgl. Beisp. 119).

Nr. 282. *Die Zarenbraut* 214 .

Die harmonische Unterstützung und melodische Verdoppelung
der Singstimmen in Ensembles: Duetten, Trios, Quartetten usw.
kommt häufig vor. Dieses Verfahren, bei den Ensembles angewandt,
gibt dem Gesang viel Präzision und Glanz.

Beispiele:

Sniegurotschka 292—293 — Duett (vgl. Beisp. 118).

Sadko 99—101 — Duett (vgl. Beisp. 289, 290).

Nr. 283. *Die Zarenbraut* 169 — Sextett.

„ „ 117 — Quartett.

Kitesh 341 — Quartett und Sextett (vgl. Beisp. 305).

Man kann nicht die Schönheit des Effekts bestreiten, wenn der
Gesang *arioso* von einem Instrument *solo* begleitet wird. Die Solo-
Instrumente, die in solchen Fällen verwendet werden, sind: Violine,
Bratsche, Cello, Flöte, Hoboe und Englischhorn, Klarinette, Baß-
Klarinette, Fagott, Horn und Harfe. Die Begleitung ist dann ge-
wöhnlich im Kontrapunkt oder in figurierten polyphonen Linien.
Das Solo-Instrument spielt in solchen Fällen entweder allein oder
als melodische Hauptstimme der begleitenden Stimmen. Das Solo-
Instrument, welches auf diese Weise mit dem Gesang einer Person

oder dem mimischen Spiel auf der Bühne verbunden ist, kann in den Händen des Komponisten ein ausgezeichnetes Mittel der musikalischen Charakteristik werden. Die Fälle dieser Art Begleitung sind sehr zahlreich.

Beispiele:

Sniegurotschka 50 — Sopran und Hoboe (vgl. Beisp. 41).

„ 97 — Alt und Englischhorn.

„ 243 , 246 — Bariton und Baß-Klarinette (vgl. Beisp. 47—48).

Nr. 284. *Die Zarenbraut* 108 — Sopran, V-cello und Hoboe.

* *Der goldene Hahn* 163 — Sopran und Bratsche (vgl. Beisp. 226).

Es ist verhältnismäßig selten, daß Schlaginstrumente an der Begleitung der Singstimmen teilnehmen. Des öfteren ist der Triangel, seltener die Becken angewandt. Es gibt auch Fälle, in denen die Begleitung aus einem *tremolo* oder einer Figur der Pauken besteht.

Beispiele:

Sniegurotschka 97 , 224 , 247 (erstes und drittes Lied des Lell).

Legende vom Zaren Saltan, vor 5 .

* Nr. 285. *Der goldene Hahn* 135 ; vgl. 161 , 197 .

Die folgenden Beispiele enthalten Stellen großer Steigerung des Ausdrucks und der Kraft in Pausen des Gesangs, — Stellen, die ich oben erwähnt habe:

Nr. 286. *Die Zarenbraut* 81 .

* *Kitesh* 282 , 298 .

* *Servilia* 130 .

Rezitativ und Deklamation.

Die Szenen des Rezitativs und der melodischen Deklamation müssen durchsichtig begleitet werden, damit die Deklamation ohne Anstrengung (Forcierung) der Stimme vor sich gehen, und der Text klar hervortreten kann. Die ausgehaltenen Akkorde der Streicher oder Holzbläser und das Tremolo geben die bequemsten Mittel dazu, weil sie dem Rezitativ die vollständige und breite Möglichkeit geben, sich frei rhythmisch zu bewegen (*a piacere*). Die kurzen Akkorde der Streicher, manchmal auf verschiedene Weisen mit den Bläsern kombiniert, — bilden auch ein ausgezeichnetes Mittel. Kurze Akkorde und Veränderung der Lage bei langgezogenen Akkorden müssen im Laufe eines vokalen Stückes vorzugsweise an den Stellen stattfinden, wo die Singstimme eine Pause hat. Das gibt während der Rezitative *a piacere* dem Kapellmeister und dem Orchester die Möglichkeit, besser auf die rhythmischen Abweichungen des Sängers zu achten. Wenn die Begleitung melodisch, polyphon oder figuriert mehr kompliziert ist, so muß der Sänger das Rezitativ im Tempo halten. Jeder Satz des Rezitativs, der inhaltlich mehr hervortreten muß, nimmt eine mehr singende Form an und muß von dem Orchester stärker unterstützt werden. Die heutige Form der Oper, welche in bezug auf den Text viel größere Forderungen stellt als früher, besteht meistens aus ständiger Abwechslung des Gesanges und der Deklamation oder in einer Fusion der beiden, und das orchestrale Gewebe bietet eine größere Mannigfaltigkeit und ein selbständiges Fortschreiten in ständiger Beziehung zu dem Text und der Bühnen-Aktion. Solche orchestrale Verfahren und die Orchestrierung von Szenen dieser Art können nur bei Untersuchung längerer Abschnitte studiert werden, was schwerlich in die Beispiele zu diesem Buch einzufügen ist. Deswegen verweise ich den Leser auf die Opern-Partituren und nenne hier nur einige kurze Beispiele:

Nr. 287. *Sniegurotschka* 16 .

Nr. 288. *Die Zarenbraut* 124—125 .

Die doppelten Beispiele, welche hier folgen und gleiche musikalische Fälle darstellen, zeigen genau den Unterschied in der Behandlung des Orchesters allein und des Orchesters als Begleiter des Gesangs:

Beispiele:

Nr. 289—291. *Sadko* 99—101 und 305—307 (vgl. Beisp. 75).

Die Bojarin Sheloga 3—7 und 28 .

Es ist besonders wichtig, auf die Durchsichtigkeit der Begleitung des Gesangs hinter der Bühne zu achten.

Beispiele:

*Nr. 292. *Sadko* 316 , 318 , 320 .

* *Kitesh* 286 -289 , 304—305 .

Orchesterbegleitung der Chöre.

Der Chor ist als klangliche Einheit viel stärker als die Stimmen der Solisten, deswegen ist bei der Begleitung der Chöre nicht so große Vorsicht geboten. Im Gegenteil: eine zu große Feinheit und Weichheit des Orchesters werden uur unter der Klangkraft des Chores leiden. Im allgemeinen gesprochen, ist die Orchestration der Chor-Sätze und die der rein orchestralen beinahe gleich. Sie wird den dem Chore vorgeschriebenen dynamischen Nuancen folgen müssen und entsprechen. Die Verdoppelung einer Orchestergruppe durch die andere, Einklänge gleicher Instrumente, wie 2 Hoboen, 2 Klarinetten, 4 Hörner, 3 Posaunen usw. sind dabei möglich und richten sich nach den künstlerischen Forderungen des musikalischen Inhalts. Meistens sind die Verdoppelungen der Chorstimmen durch Instrumente als gut zu bezeichnen. In den Stellen des fließenden Gesangs können diese Verdoppelungen melodisch auftreten, und ihre melodischen Linien werden oft reicher und ausgeschmückter sein als die Chorstimmen.

Beispiele:

Pskovitianka, 2. Akt $\boxed{3-6}$; 3. Akt $\boxed{66-69}$.

Die Mainacht, 1. Akt $\boxed{X-Y}$; 3. Akt $\boxed{L-Ee}$; $\boxed{Ddd-Fff}$.

Sniegurotschka $\boxed{61-73}$, $\boxed{147-153}$, $\boxed{323-328}$.

Mlada, 2. Akt $\boxed{22-31}$, $\boxed{45-63}$; 4. Akt $\boxed{31-36}$.

Die Weihnachtsnacht $\boxed{59-61}$, $\boxed{115-123}$.

Sadko $\boxed{37-39}$, $\boxed{50-53}$, $\boxed{79-86}$, $\boxed{173}$, $\boxed{177}$, $\boxed{187}$, $\boxed{189}$, $\boxed{218-221}$, $\boxed{233}$, $\boxed{270-273}$.

Die Zarenbraut $\boxed{29-30}$, $\boxed{40-42}$, $\boxed{50-59}$, $\boxed{141}$.

Legende vom Zaren Saltan $\boxed{67-71}$, $\boxed{91-93}$, $\boxed{133-145}$, $\boxed{207-208}$.

Kitesh $\boxed{167}$, $\boxed{177-178}$.

Der goldene Hahn $\boxed{237-238}$, $\boxed{262-264}$.

* Der Leser wird viele Fälle von Begleitungen der Chöre in den Beispielen finden, welche in anderen Abschnitten dieses Buches stehen.

Wenn es sich um isolierte Ausrufe oder melodische Rezitativsätze handelt, so sind die melodischen Verdoppelungen nicht zu empfehlen. Man wird in solchen Fällen besser harmonische Verdoppelungen anwenden, welche bloß eine instrumentale Unterstützung des Gesangs bilden.

Die Wiederholungen von Noten, welche durch die Deklamation bedingt sind und keinen wesentlichen Teil der rhythmischen Struktur oder Figuration darstellen, werden im Orchester fehlen müssen: nur die harmonische und melodische Grundlage wird verdoppelt. Im Vergleich mit der orchestralen Verdoppelung wird die rhythmische Struktur des Chorsatzes zuweilen vereinfacht.

Beispiele:

Nr. 293. *Die Zarenbraut* 96.

Nr. 294. *Pskovitianka*, 1. Akt, vor 75.

Diejenigen Stellen eines Chorgesangs, welche an sich einen vollständigen musikalischen Inhalt haben und gleichermaßen einen Chor *a capella* bilden, bleiben sehr oft ohne Verdoppelung im Orchester. Sie werden bloß von ausgehaltenen Noten begleitet oder von orchestralen polyphonen und unabhängigen Zeichnungen.

Beispiele:

Nr. 295. *Sadko* 219.

Legende vom Zaren Saltan 207.

Kitesh 167 (vgl. Beisp. 116).

Der goldene Hahn 236.

Ein gemischter Chor, der durch die Zahl der Stimmen stärker als ein Frauen- oder Männerchor ist, erfordert auch eine stärkere Orchestration, dagegen wird die Orchestration bei einem Männerchor und besonders bei einem Frauenchor viel durchsichtiger sein müssen. Im allgemeinen muß der Komponist auf die wirkliche Besetzung des Chores achten, weil die Bühnenverhältnisse zuweilen einen verminderten Chor erfordern. Die annähernde Zahl der Choristen muß dann vom Komponisten in der Partitur vermerkt sein, und das wird auch die Basis zur Orchestration bilden.

Beispiele:

Nr. 296. *Pskovitianka*, 2. Akt 37.

Sadko 17, 20.

Kitesh 61 (vgl. Beisp. 198).

Anmerkung. Man muß nicht vergessen, daß ein *fortissimo* des verstärkten Orchesters, welches die Holzbläser à vier und zahlreiche Blechinstrumente besitzt, zuweilen auch eines solchen Orchesters, in dem Holzbläser bloß à drei sind, — imstande ist, sogar einen großen gemischten Chor zu erdrücken.

Die Orchestration einer Begleitung für einen Chor hinter der Bühne muß dieselbe Durchsichtigkeit besitzen wie die Begleitung eines Sologesangs auf der Bühne.

Beispiele:

Pskovitianka, 1. Akt $\boxed{25\text{—}26}$, $\boxed{90}$; 3. Akt $\boxed{13\text{—}14}$.

Die Mainacht, 1. Akt, vor $\boxed{X}$; 3. Akt. $\boxed{\text{Bbb—Ccc}}$.

Nr. 297. Sadko $\boxed{102}$.

Kitesh $\boxed{54\text{—}56}$ (vgl. Beisp. 196, 197).

Sologesang mit dem Chor.

Wenn der melodische Gesang oder ein deklamiertes Rezitativ zu gleicher Zeit mit dem Chor auftreten, so ist eine große Vorsicht in der Anwendung des Chores geboten. Auf der Grundbasis eines Männerchors heben sich die weiblichen Solo-Stimmen leicht ab, ebenso die Solo-Männerstimmen auf dem Grunde eines Frauenchors, weil in beiden Fällen die Höhenlage der Solo-Stimmen nicht mit derjenigen des Chores zusammenfällt. Dagegen bietet der Gesang oder die Deklamation der Solisten mit einem gleichartigen oder gemischten Chor ziemlich viel Schwierigkeiten. In solchen Fällen muß man den Chor in niedriger Höhenlage und die Solo-Stimmen in hoher schreiben. Der Chor wird *piano* singen müssen und der Solist *a piena voce*. Es ist auch ein großer Vorteil, den Solisten möglichst nahe an der Rampe zu plazieren und den Chor möglichst im Hintergrunde. Die Orchestration wird dabei dem entsprechen müssen, was bei Solistenbegleitung und nicht bei Chorbegleitung anzuwenden ist.

Beispiele:

Nr. 298. *Sniegurotschka* $\boxed{143}$.

Pskovitianka, 2. Akt $\boxed{37}$ (vgl. Beisp. 296).

Wenn der Chor hinter der Bühne oder in den Kulissen singt, so ist der Gesang und die Deklamation der Solisten immer gut zu hören.

Beispiele:

Pskovitianka, 1. Akt 25—26 .

** Die Mainacht*, 3. Akt Ccc .

** Sadko* 102 , 111 .

Instrumente auf und hinter der Bühne.

Die Verwendung der Instrumente auf der Bühne und in den Kulissen datiert von sehr alten Zeiten her (Mozart, *Don Giovanni*, Streichorchester im Finale des 1. Akts). Um die Mitte des vergangenen Jahrhunderts erscheinen* auf der Bühne die Blechorchester oder auch Blech- und Holzinstrumente gemischt (Glinka, Meyerbeer, Gounod und andere). Die neueren Komponisten haben dieses grobe Verfahren verlassen, welches einen außergewöhnlichen Klang auslöst und in das mittelalterliche oder sagenhafte Milieu der Inszenierung der meisten Opern hineintönt. Als Bühneninstrumente werden jetzt nur solche angewandt, die wirklich den Bedingungen des Milieus entsprechen, in welchem die Handlung vor sich geht. Was die Instrumente hinter der Bühne anbelangt, die dem Zuschauer unsichtbar sind, — so ist die Frage sehr einfach. Doch ist die Auswahl bei der heutigen Musik durch höhere ästhetische Forderungen bedingt als solche, denen ein Militärorchester von Blechinstrumenten genügen könnte. Die Partien der Instrumente auf der Bühne werden in den Kulissen gespielt, und diejenigen, die man sieht, sind bloß für das Auge. Zuweilen sind die Instrumente, welche auf der Bühne erscheinen müssen, genau nach denen der entsprechenden Epoche rekonstruiert (z. B. die heiligen Hörner in *Mlada*). Dem besonderen Charakter des Instruments in den Kulissen wird das Orchester in bezug auf Kraft und Durchsichtigkeit entsprechen müssen. Ich sehe leider keine Möglichkeit, in diesem Buche die Beispiele der Anwendung von jedem der Instrumente (die weiter unten aufgezählt sind) und der entsprechenden Begleitungen zu geben. Deswegen werde ich mich damit begnügen, in den meisten Fällen die Stellen in den Partituren anzugeben, abgesehen von einigen einzelnen Beispielen, die ich zitiere.

a) Trompeten:

Servilia ⎣12⎦, ⎣25⎦.
** Kitesh* ⎣53⎦, ⎣55⎦, ⎣60⎦.
** Legende vom Zaren Saltan* ⎣139⎦ und weiter.

b) Hörner (als Jagdhörner):

Der Wojewode ⎣38—39⎦.

c) Posaunen, die das Orchester verlassen und sich hinter die Bühne begeben:

Der Wojewode ⎣191⎦.

d) Kornette (Pistons):

Pskovitianka, 3. Akt ⎣3⎦, ⎣·7⎦.

e) Heilige Hörner (Blechinstrumente in verschiedenen Naturtönen):
Mlada, 2. Akt, S. 179 ú. w.

f) Kleine Klarinette und kleine Flöte:

Nr. 299—300. *Mlada*, 3. Akt ⎣37⎦, ⎣39⎦.

g) Schalmei oder Panflöte, ein besonderes Instrument, das zu diesem besonderen Zwecke verfertigt war, mit vielen Löchern, die man an den Lippen vorbeiführt (*B, c, des, es, e, fis, g, a*). Diese Tonleiter von besonderer enharmonischer Eigenschaft klingt wie ein *glissando:*
Mlada, 3. Akt ⎣39⎦, ⎣43⎦ (vgl. Beisp. 300).

h) Harfe, die eine Äolsharfe repräsentieren soll:

Kaschtschei ⎣32⎦ und weiter (vgl. Beisp. 268, 269).

i) Lyren. So gestimmt, daß sie den verminderten Septimenakkord *glissando* geben:
Mlada, 3. Akt ⎣39⎦, ⎣43⎦ (vgl. Beisp. 300).

k) Klavier:

Mozart und Salieri ⎣22—23⎦.

l) Tam-tam, das eine Kirchenglocke imitiert:

Pskovitianka, 1. Akt ⎣57⎦ und weiter.

m) Große Trommel (ohne Becken), Kanonendonner darstellend:

Legende vom Zaren Saltan ⎣139⎦ und weiter.

n) Kleine Pauke, hier in *des* der 3. Oktave:

Mlada, 3. Akt 41 und weiter (vgl. Beisp. 60).

o) Glocken in verschiedenen Tönen:

Sadko 128, 139.
Nr. 301. *Kitesh* 181 und weiter. Auch 241, 323 und weiter.
**Legende vom Zaren Saltan* 139 und weiter.

p) Orgel:

Nr. 302. *Sadko* 299—300.

Die Streicher und Holzbläser werden verhältnismäßig selten auf und hinter der Bühne angewandt. In der russischen Oper sind die Streicher von Rubinstein (*Goriuscha*) verwendet, und auch in ausgezeichneter und charakteristischer Weise von Sseróff (*Die feindliche Macht*): in derselben Partitur von Sseróff findet man auch eine kleine Klarinette in *Es*, welche die Pfeife imitiert, die bei einer Karneval-Prozession gebraucht wird[1].

---

[1] Hier muß man auch die sehr gelungene Verwendung eines kleinen Orchesters hinter der Bühne erwähnen (2 Fl. *picc.*, 2 Klar., 2 Hörner, 1 Posaune, 1 Tamburin, 4 Violinen, 2 Bratschen und 1 Kontrabaß), welche im 2. Akt (1. Bild, M—P) der Mainacht vorkommt. (Anm. d. Red.)

Sechstes Kapitel (Ergänzung).

Die Stimmen.

Technische Bezeichnungen.

Von allen konfusen und verworrenen Ausdrücken, die man in der Praxis des Gesanges als Bezeichnungen der Ausdehnung, der Höhenlage und des Charakters der menschlichen Stimmen gebraucht, — entsprechen vier ebensovielen Grundtypen: dem Sopran, dem Alt (oder Kontralto), dem Tenor und dem Baß. Diese Teilung ist überall in der Zusammenstellung der Chöre angenommen, mit der Unterteilung in erste und zweite Stimmen, um die weitere Verteilung der Stimmen zu bezeichnen (I. Sopran, II. Sopran usw.). Wie die Ausdehnung der Skala eines Instruments genau durch seinen gewöhnlichen Bau bezeichnet ist, so ist die Ausdehnung der menschlichen Stimme von den individuellen Eigenschaften der Sänger bedingt. Darum ist es unmöglich, die Grenzen jeder Art Stimme zu bezeichnen. Wenn man die Choristen in erste und zweite einteilt, so wird man dabei von den Eigenschaften jedes einzelnen geleitet: die Stimmen gleicher Art, welche höhere Lage aufweisen, werden zu den ersten gerechnet und umgekehrt.

Um die Stimmen der Solisten zu bezeichnen, gebraucht man außer den Hauptbenennungen noch folgende, die den dazwischenliegenden Höhenlagen entsprechen: Mezzosopran (zwischen dem Sopran und dem Alt) und Bariton (zwischen dem Tenor und dem Baß).

Anmerkung. In den Chören werden diese Zwischenstimmen so verteilt: Mezzosopran wird zum zweiten Sopran oder zum ersten Alt gerechnet, der Bariton — zum zweiten Tenor oder zum ersten Baß — je nach der Qualität der Sänger und nach der Klangfarbe der Stimme, welche sich ihrem Charakter gemäß der einen oder der anderen Hauptart nähert.

Außer diesen sechs Bezeichnungen der Solistenstimmen gibt es noch eine Menge anderer, die teilweise die Ausdehnung der Skala, teilweise die Klangfarbe und teilweise den Grad der Beweglichkeit charakterisieren. Das sind: leichter Sopran, *soprano leggiero*, *soprano giusto*, lyrischer Sopran, dramatischer Sopran, leichter Tenor, *tenorino-altino*, lyrischer, dramatischer Tenor, *basso cantando* (singender), *basso profundo*, (tiefer) usw. Dieser langen Liste muß man noch die Bezeichnung *mezzo-carattere* [Halb-Charakter beifügen: das will sagen, die Mitte einnehmend (z. B. zwischen dem lyrischen und dem dramatischen Sopran, usw.)]. Wenn man den Sinn aller dieser Benennungen begreifen will, so wird man bald einsehen, daß sie Betrachtungen sehr verschiedener Ordnungen entsprechen: z. B. leichter Sopran bezeichnet die Geschmeidigkeit und Beweglichkeit der Stimme; dramatischer Tenor — bezeichnet den Charakter einer Stimme, welche die Eigenschaft besitzt, stark die dramatischen Bewegungen der Seele darzustellen; *basso-profundo* bezeichnet ganz einfach die Kapazität, großen Klang in der Tiefe entwickeln zu können.

Die detaillierte Untersuchung über den Ansatz, das Herausbringen des Tones usw., was dem Komponisten bloß beschwerlich wäre, gehört ganz dem Gebiete der Funktionen des Gesanglehrers an. Die Grenzen, die genau festgesetzte Lage der vokalen Register (für Frauenstimmen: Brust-, Medium- und Kopf-, für Männerstimmen: Brust-, gemischt, Falsett oder Fistel) betreffen auch den Gesanglehrer, dessen Aufgabe es ist, die Stimme in der ganzen Ausdehnung auszugleichen, so daß der Übergang von einem Register zum anderen unbemerkt bleibt. Er wird auch die Aufgabe haben, die Aussprache der Vokale a, e, i, o, u, ü in derselben Richtung des Ausgleichens zu formen.

Es gibt Stimmen, die von Natur aus ausgeglichen sind, die Biegsamkeit und geschmeidige Beweglichkeit besitzen. Der Gesanglehrer wird die natürlichen Fehler des Atmens beseitigen müssen, genau die Höhenlage der Stimme feststellen, die Stimme setzen (oder stellen), die Klangwirkung derselben ausgleichen, die Aussprache der Vokale beibringen und der Stimme genügende Biegsamkeit und die Fähigkeit zu nuancieren geben, usw. Der Komponist muß aber auf geschmeidige und ausgeglichene Stimmen rechnen müssen, ohne sich mit den individuellen Qualitäten und Fehlern der Sänger zu beschäftigen. Einerseits ist es sehr selten, daß eine vokale Partie speziell für einen bestimmten Sänger geschrieben wird; andererseits finden die Komponisten und Librettisten es immer weniger und weniger notwendig, eine Grenze zu ziehen und eine bestimmte Rolle dem ausgeschmückten Gesang *(fiorituri)*, eine andere dem dramatischen und kraftvollen mit Ausschließung aller lyrischen und leichteren Stellen zu geben. Die poetischen und künstlerischen Bedingungen der heutigen Zeit verlangen mehr Verschiedenartigkeit in der Auffassung einer Opernrolle, oder, mehr allgemein gesagt, in der vokalen Musik überhaupt.

Die Solisten.

Ausdehnung und Höhenlage.

Ich empfehle dem Komponisten als annähernde Basis zur Bestimmung der Ausdehnung der sechs Solistenstimmen die nachstehende Tabelle *F* anzusehen. Für jede Stimme bezeichnet eine Klammer eine Oktave, die ich die normale benennen werde, und die als normales Register der entsprechenden Stimme gelten kann.

In diesen Grenzen kann der Komponist die Stimme ganz frei anwenden, ohne daß eine Anstrengung das Ohr ermüde oder der Sänger sich erschöpfe. Die Anwendung dieser normalen Oktave ist auch bei der Deklamation und beim Rezitativ zu empfehlen. Die höheren Noten bilden ein Register, welches als außerordentliches bezeichnet werden muß, und der Komponist wird dieses Register für die Kulminationspunkte der Melodie anwenden; ebenso die Noten unter dem normalen Register. Sie bilden ein außerordentliches, tiefes Register, welches beim Fall und bei der *Depression* der Melodie angewandt werden kann. Wenn man die Stimme lange in diesen außerordentlichen Registern verbleiben läßt, ermüdet man den Sänger und das Auditorium. Es ist aber gut, diese Register für kurze Augenblicke zu verwenden und für solche Stellen, die über die normale Oktave hinausgehen: weil sonst die vokale Melodie immer in dem kleinen Raum einer Oktave verbleiben müßte. Um das Obengesagte klarer zu machen, gebe ich nachfolgend Beispiele von Melodien, die von Stimmen verschiedener Art gesungen werden.

Beispiele:

Die Zarenbraut 102—109 Auszüge: vgl. Beisp. 256, 280, 284) —
Arie der Marfa (Sopran).

„   „   16—18 Arie des Griasnói (Bariton).

Sniegurotschka — Die drei Lieder des Lell (Alt).

Sadko 46—49 (vgl. Auszug Beisp. 120). — Arie des Sadko (Tenor).

„   129—131 — Arie der Liubawa (Mezzo-Sopran).

„   191—193 (vgl. Auszug, Beisp. 131) — Lied des Wariagen
(Baß).

Vokalisation (Aussprache beim Gesang).

Eine gute vokale Melodie muß aus Noten verschiedener Länge
bestehen (mindestens aus drei: z. B. Halbe, Viertel, Achtel oder
Sechzehntel, oder Viertel, Achtel, Sechzehntel.). Die Monotonie der
rhythmischen Struktur paßt nicht zu den Gesangmelodien und kann
nur in Ausnahmefällen bei instrumentalen Melodien vorkommen.
Die gesungene Melodie — im richtigen Sinne des Wortes — muß
im Verhältnis zur Bewegung eine genügende Anzahl langer Noten
enthalten. Es ist vorzuziehen, daß dort, wo eine lange Note wechselt,
auch ein Silbenwechsel in dem Text geschieht. Bloß die kurzen
Noten, die mit den Silben des Textes wechseln, und die wiederholten Noten der Deklamation sind nicht genügend singend, und
ihre Ausführung hat etwas Abgerissenes. Die Verbindung von zwei
bis drei kurzen Noten, die auf dieselbe Silbe fallen, genügt, um
einen singend-fließenden Eindruck zu machen. Bei länger ausgedehnten melodischen Zeichnungen *legato*, die auf eine Silbe
fallen, muß der Komponist vorsichtig verfahren und den Anforderungen der Deklamation des Textes Rechnung tragen, — und der
Sänger muß größere Technik und Geschmeidigkeit der Stimme besitzen (verzierter Gesang). Die Möglichkeit, an richtiger Stelle
Atem zu holen, ist die unumgängliche Bedingung jeder guten
vokalen Melodie. In der Mitte eines Wortes kann man nicht atmen,
zuweilen — je nach dem Text — auch nicht mitten in einem
Satz. Es ist auch notwendig, die vokale Melodie mit Pausen zu
versehen.

Tabelle F. Stimmen.

Chor:

Solisten:

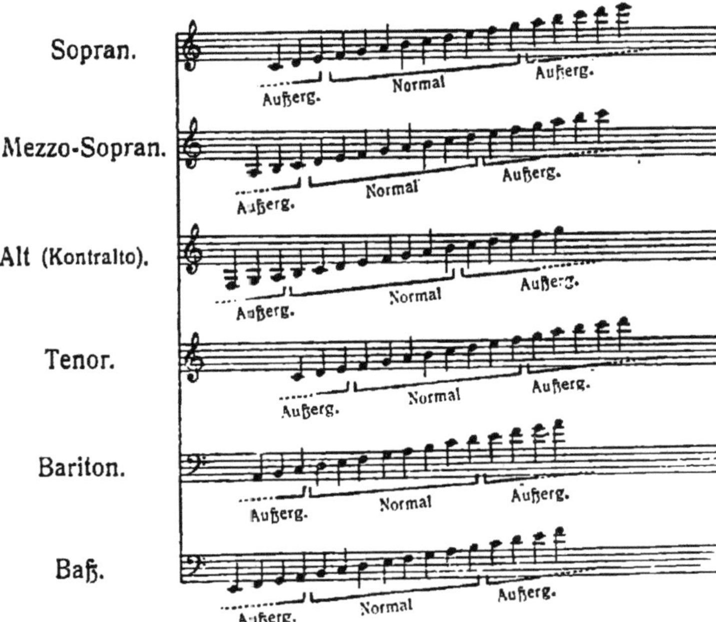

Anmerkung. Man muß sich daran erinnern, daß nicht alle Worte es der Stimme gestatten, auf ihnen stehenzubleiben oder viele Noten darauf zu singen. Dazu gehören viele Hauptwörter, Fürwörter, Zahlwörter, Verhältniswörter (Präpositionen), Bindeworte und andere Teile der Sprache. Es ist z. B. unmöglich und lächerlich, der Stimme einen langausgehaltenen Ton auf Worten, wie „wer" (welcher), „er" zu geben. Die Worte, auf denen die Stimme sich aufhalten kann, sind solche, die sozusagen selbst eine lyrische Farbe darstellen.

Beipiele:

Nr. 303. *Sadko* 236 — Arie des Sadko (Tenor).

„ 309—311 (vgl. Auszug Beisp. 81) — Wiegenlied der Wolchowa (Sopran).

Sniegurotschka 9 — Arie der Frühlingsfee (Mezzo-Sopr.).

„ 187—188 , 212—213 (vgl. Auszug, Beisp. 102, 225) — zwei Kavatinen des Berendéi (Tenor).

„ 247 — Arioso des Misgir (Bariton).

Die Vokale.

Bei melodischen Zeichnungen, die auf eine Silbe kommen, und auch bei hohen und langgezogenen Noten ist die Auswahl der Vokale nicht gleichgültig. Der Unterschied der Lage der Lippen und des Mundes bei der Aussprache des offenen a oder des geschlossenen u ist jedem fühlbar und klar. Wenn wir eine progressierende Reihe der Vokale, — angefangen von dem am meisten offenen —, aufstellen, so erhalten wir: a, o, e, i, ö, u — (die Diphthongen oder zusammengesetzten **ja**, **jo**, **ju**, — wenn sie ausgehalten sind, verwandeln sich sofort in **a**, **o**, **u**). Bei der Frauenstimme ist der bequemste von den Vokalen zur Aussprache bei hohen Tönen a; bei Männerstimmen sind es o und e. Die Vokale i und u erweichen den schneidenden Charakter der hohen Baßnoten und der Vokal a erlaubt der Baßstimme die tiefsten Noten zu intonieren. Lange melodische Fiorituren sind oft nur auf der Interjektion **ah** oder einfach **a** geschrieben.

Es ist selbstverständlich, daß der Komponist in Anbetracht der literarischen und szenischen Forderungen — von denen er Notiz nehmen muß -- sich diesen Prinzipien nur in gewissem Grade anpassen wird.

Beispiele:

Sniegurotschka 293 , 318—319 (vgl. Beisp. 119).

Nr. 304. *Sadko* 83 .

Geschmeidigkeit und Beweglichkeit.

Jede Stimme zeigt am meisten Geschmeidigkeit und Beweglichkeit in ihrer normalen Oktave. Die Frauenstimmen besitzen größere Beweglichkeit als die Männerstimmen. Aber bei jeder Art sind die höheren Stimmen beweglicher als die tiefen. So ist von den Frauenstimmen die meistbewegliche der Sopran und von den Männerstimmen der Tenor. Obgleich die menschlichen Stimmen geeignet sind, ziemlich an Details reiche Verzierungen auszuführen, ebenso eine Mannigfaltigkeit der Phrasierung auszudrücken und rasche Wechsel vom *legato* zum *staccato* zu vollbringen, sind sie doch unendlich weniger als die Musikinstrumente beweglich. In nicht zu rascher Bewegung können sie die diatonischen Folgen der nebeneinanderliegenden Stufen und der Terzen (arpeggiert) am bequemsten ausführen. Intervalle, die größer als eine Quarte sind, bilden in rascher Aufeinanderfolge große Schwierigkeiten, ebenso die chromatischen Folgen. Die Oktaven- und größere Sprünge, bei denen die Ausgangsnote kurz ist, sind zu vermeiden. Es ist notwendig, jede zu hohe Note vorzubereiten, entweder durch stufenweises Näherkommen oder durch einen reinen und genauen Sprung von einer Quarte, Quinte, Oktave usw. Doch gibt es genügend Fälle, in denen ein sehr hoher Ton auch ohne Vorbereitung angewandt werden kann.

Beispiele:

Sniegurotschka |46—48| (vgl. Auszug, Beisp. 279) — Arie der Sniegurotschka (Sopran).

„ |96—97| — Erstes Lied des Lell (Alt).

Sadko |196—198| (vgl. Auszug, Beisp. 122) — Das Lied des Indiers (Tenor).

„ |203—206| — Lied des Venedigers (Bariton).

Der Wojewode |20—26| — Wiegenlied der Maria (Sopran).

Farbe und Charakter der Stimmen.

Der Charakter der Klangfarbe einer Stimme, ob glänzend oder matt, klangvoll oder dumpf — ist nur von den individuellen Eigenschaften des Sängers abhängig, und der Komponist braucht beim Schreiben davon keine Notiz zu nehmen: diese Frage gehört dem

Gebiete der Ausführung an und wird durch die entsprechende Wahl der Ausführenden geregelt. Was aber den Charakter der Stimmen in bezug auf Geschmeidigkeit ihrer Ausdrucksfähigkeiten betrifft, so muß man zwei Grundtypen unterscheiden: den lyrischen und den dramatischen. Der dramatische ist kräftiger und sein Bereich ist größer; der lyrische ist feiner, beweglicher und ausdrucksfähiger. Gewiß ist das gleichzeitige Vorhandensein beider Eigenschaften das beste, was der Komponist wünschen kann, doch muß er beim Komponieren sich hauptsächlich an dasjenige halten, was das künstlerische und poetische Ziel seiner Aufgabe erfordert. Bei großen und komplizierten Vokal-Werken wird er am besten tun, sich an die Eigenschaften jeder angewandten Art von Stimme zu halten; außerdem, — wenn er in seinem Werke zwei Stimmen derselben Art verwendet, z. B. zwei Soprane, zwei Tenöre usw. —, wird er einige besondere Eigenschaften ihres Charakters, die oben erwähnt sind, im Auge behalten und wird einen gewissen Unterschied in der Ausdehnung und Höhenlage ihrer Partien machen müssen, indem er eine etwas höher als die andere setzen wird. Es ist nicht selten, daß man Stimmen einer gemischten oder Zwischenart findet, die man Halbcharaktere nennt und welche die Eigenschaften beider Arten in etwas vermindertem Grade aufweisen. Diese Art Stimmen werden dem Komponisten immer sehr willkommen sein, weil einige Rollen einen zusammengesetzten Charakter haben, besonders die kleinen. Heutzutage ist der Brauch verbreitet, außer der dramatischen und lyrischen Partie in erster Linie eine solche Partie zu setzen, welche unbedingt ganz besondere spezielle Eigenschaften besitzen soll: eine mehr oder wenig weiche, oder kräftige Klangfarbe, eine besonders hohe oder tiefe Lage, mehr oder weniger Beweglichkeit — alles Eigenschaften, die durch das ästhetische Ziel bedingt sind, welches man erreichen will. Bei den Partien zweiter und dritter Ordnung wird der Komponist gut tun, sich an eine gemäßigte Ausdehnung der Stimme zu halten und auch gemäßigte technische Forderungen stellen.

Anmerkung. Nach Meyerbeer, welcher in seinen Werken große Mezzo-Sopran- und Baritonstimmen (die bis dahin unbekannt waren) erscheinen ließ, hat R. Wagner durch seine Anforderungen einen an Ausdehnung und Kraft größeren dramatischen Sopran geschaffen, welcher die Skala und die Eigenschaften des Soprans und des Mezzo-Soprans vereinigt; auch eine ähnliche Art Tenor, der die Skala und Eigenschaften des Tenors und des Baritons vereinigt. Wenn

er von den Stimmen fordert, daß sie in den Gipfeln der Höhe und in der tiefsten
Lage stark und klangvoll intonieren, daß sie eine sehr kräftige Respiration
und außerordentlichen Widerstand gegen Müdigkeit besitzen (Siegfried, Parsival,
Tristan, Brunhilde, Kundry, Isolde), so rechnet er mit phänomenalen Stimmen.
Man trifft allerdings solche Stimmen, aber viele Künstler von ausgezeichneten,
doch nicht phänomenalen vokalen Eigenschaften geben sich Mühe, durch die
Praxis im Wagnerschen Repertoire die Ausdehnung und Kraft dieser Stimmen
zu erreichen, und verletzen dabei ihre eigenen Stimmen, berauben sie jeder
genauen Intonation, jeder harmonischen Qualität und jeder Ausdrucksfähigkeit.
Ich glaube, daß mehr gemäßigte und mehr bedachte Anforderungen, geschickte
und genaue Anwendung der Höhen und Tiefen der Stimme, des *cantabile*,
mit einer so konzipierten Orchester-Klangstärke, welche die vokalen Partien
nicht erdrückt, — dem Komponisten bessere Dienste erweisen wird als die
dekorativen Verfahren Wagners, und nicht nur vom praktischen, sondern auch
vom ästhetischen Standpunkte aus.

Verbindung der Stimmen.

Das beste Mittel, den melodischen und individuellen Charakter
der Stimmen im Ensemble zu bewahren, ist das polyphon-
harmonische Fortschreiten der Solisten-Stimmen. Eine rein harmonische oder rein polyphone Disposition findet man sehr selten.
Die erste, welche bei Chören sehr gebräuchlich ist, vereinfacht
zu sehr die Fortschreitung der Stimmen und verwischt den besonderen melodischen Charakter; die zweite trübt und ermüdet etwas
das Ohr.

Im allgemeinen setzt man die Stimmen nach der normalen
Höhenordnung. Die Kreuzung ist ziemlich selten und hat nur die
Absicht, die Melodie der steigenden Stimme über der naheliegenden,
anderen Stimme abzuheben: zum Beispiel die des Tenors, der über
den Alt geht, die des Mezzo-Soprans, der über den Sopran geht usw.

Zweistimmig.

Die günstigsten Verbindungen sind die Fortschreitungen von zwei
Stimmen, welche in Oktaven-Beziehungen stehen: 8 $\left[\begin{matrix} \text{Sopr.} & \text{M.-Sopr.} & \text{Alt.} \\ \text{Ten.} & \text{Bariton} & \text{Baß.} \end{matrix}\right.$
Die Fortschreitungen dieser Stimmen in Dezimen, Sexten, zuweilen
in Terzen und Oktaven geben immer ziemlich gut klingende Ensembles; und wenn die Partien polyphon gehen, so wird es
auch nicht erforderlich sein, daß sich zwischen ihnen oft Intervalle
größer, als eine Dezime bilden, auch keine Kreuzungen, die an und
für sich wenig wünschenswert sind.

Beispiele:

Sadko 99—101 — Sopran und Tenor (vgl. Beisp. 289, 290).

Servilia 143 — Sopran und Tenor.

Pskovitianka, 1. Akt 48—50 — Sopran und Tenor.

Kaschtschei 62—64 — Mezzo-Sopran und Bariton.

Die Stimmen, welche untereinander in Beziehung von Quinten und Quarten stehen, wie: $5\begin{bmatrix}\text{Sopr.}\\\text{Alt}\end{bmatrix}$, $4\begin{bmatrix}\text{Alt}\\\text{Ten.}\end{bmatrix}$, $5\begin{bmatrix}\text{Ten.}\\\text{Baß}\end{bmatrix}$, müssen etwas näher zueinander fortschreiten. Der Gang in Dezimen ist selten, in Sexten und Terzen häufig: man kann auch Einklang anwenden. Die Entfernung der beiden Stimmen über eine Oktave ist selten, und in gewissen Fällen werden Kreuzungen stattfinden, die aber von kurzer Dauer sein müssen.

Beispiele:

Sniegurotschka 263—264 — Sopran und Alt.

** Die Weihnachtsnacht* 78—80 — Alt und Tenor.

** Kitesh* 338 — Tenor und Baß.

Die Stimmen, welche in Beziehung von Terzen sind:
$$3\begin{bmatrix}\text{Sopr.}\\\text{M.-Sopr.}\end{bmatrix}, \begin{matrix}\text{M.-Sopr.}\\\text{Alt}\end{matrix}, \begin{matrix}\text{Ten.}\\\text{Barit.}\end{matrix}, \begin{matrix}\text{Barit.}\\\text{Baß}\end{matrix}$$
müssen *unisono*, in Terzen und Sexten fortschreiten und erlauben Kreuzungen in größerem Maße. Im Gegenteil ist aber die Entfernung mehr als eine Oktave nur für kurze Momente zulässig und muß im allgemeinen vermieden werden.

Beispiele:

** Die Zarenbraut* 174 — Sopran und Mezzo-Sopran.

** Legende vom Zaren Saltan* 5—6 — Sopran und Mezzo-Sopran.

Wenn man solche Stimmen zusammengehen läßt, die zueinander in Beziehungen einer Duodezime stehen, wie $12\begin{bmatrix}\text{Sopr.}\\\text{Baß}\end{bmatrix}$, dann sind die nahen Intervalle zwischen den Stimmen nicht gut, weil dabei die tiefe Stimme im hohen Register und die hohe Stimme in ihrem tiefen Register singen müßte. Die Möglichkeit des Einklanges ist nicht vorhanden; Terzen sind zu vermeiden; am besten werden die Sexten, Dezimen und Terzdezimen sein. Die Entfernung der Stimmen voneinander wird oft die Dezime überschreiten, und eine Kreuzung kann man sich dabei nicht denken.

Beispiele:

*Legende vom Zaren Saltan | 254—255 |.

Die ¡Verbindung der Stimmen, die in der Dezime zueinanderstehen, wie: ⎡Sopr. M.-Sopr.⎤ sind ziemlich häufig. Ich denke, daß die ⎣Barit., Baß⎦ oben angegebenen Erklärungen auch für diesen Fall genügen werden.

Beispiel:

Sniegurotschka | 291—300 | (vgl. Auszug, Beisp. 118). — Sopran und Bariton.

Die Anwendung gleicher Stimmen paarweise Sopr., Ten. erfordert Sopr., Ten. Fortschreitungen im Einklang und in Terzen, selten Entfernungen über eine Sexte und unvermeidlich Kreuzungen, ohne welche die Stimmführung jeder Freiheit entbehren müßte.

Anmerkung. Andere Kombinationen, wie Alt M.-Sopr. Barit., Ten. bedürfen keiner Erläuterungen.

Beispiele:

* Die Mainacht, 1. Akt S. 59—64. — Mezzo-Sopran und Tenor.

° Sadko | 322—324 | — Mezzo-Sopran und Tenor.

Allgemein gesprochen ist ein Duett dann schön, wenn die Stimmführung klar ist, und wenn die Dissonanzen durch eine gemeinschaftliche Note vorbereitet sind, oder einer verschiedenartigen Bewegung entspringen, welche geeignet ist, gute Auflösung zu ermöglichen. Man wird offene Intervalle der reinen Quinten und Quarten, Undezimen und Duodezimen auf starken Taktteilen zu vermeiden suchen, besonders, wenn die Dauer der Noten einigermaßen lang ist. Wenn aber eine von den Stimmen eine melodische Linie führt, wobei die andere begleitend auf harmonischen Noten eine Deklamation ausführt, dann ist es nicht absolut notwendig, die genannten Intervalle zu vermeiden.

Anmerkung. Dieses Buch enthält keine näheren Betrachtungen über die Stimmführung der vokalen Partien, welche dem Unterrichtsgebiete des freien Kontrapunktes angehören. Es ist nur wichtig, hier darauf aufmerksam zu machen, daß die menschlichen Stimmen, welche vom Orchester begleitet sind, immer gesondert für sich zu hören sind, als etwas in sich Abgeschlossenes, von der instrumentalen Begleitung Unabhängiges. Deswegen kann man nicht auf das Orchester bauen, um in der Stimmführung der Gesangstimmen einen leeren Platz auszufüllen oder irgendwelche Unvollkommenheit zu verbessern. Beim Schreiben der Singstimmen, welche auf keine Weise von der orchestralen Begleitung abhängig sind, muß man immer alle Regeln der Harmonie und des Kontrapunkts bis ins kleinste genau anwenden.

Drei-, vier- und mehrstimmig.

Alles, was von gegenseitigen Beziehungen zweier Stimmen gesagt ist, wird auch bei Kombinationen von drei, vier, fünf und mehr Stimmen angewandt. Ein Ensemble von vielen Stimmen wird nicht rein polyphon sein können; gewöhnlich, wenn einige Stimmen polyphon fortschreiten, gehen die anderen in Terzen, Sexten, Dezimen und Tredezimen; bei manchen Stimmen kann dabei eine Deklamation auf den harmonischen Noten stattfinden. Diese Mannigfaltigkeit bei der gleichzeitigen Führung der Stimmen erleichtert dem Ohre die Aufnahme des Ganzen und erlaubt es, einigen von den Stimmen bestimmte Farben und charakteristische Linien zuzuteilen, ohne daß diese Farben und Linien mit anderen, die gleichzeitig auftreten, sich vermischen. Eine geschickte Verteilung der Pausen und Einsätze macht die Aufnahme des Ensembles leichter und gibt den Einzelheiten die nötige Prägnanz.

Beispiele:

Sniegurotschka 267 — Final-Trio des 3. Aktes.

Die Zarenbraut 116—118 — Quartett des 2. Aktes.

„   „   168—171 — Sextett des 3. Aktes (vgl. Auszug, Beisp. 283).

Servilia 149—152 — Quintett des 3. Aktes.

Es ist selten, daß die Stimmführung der Solisten-Partien rein harmonisch ist mit Vorherrschung der oberen (homophon behandelt). Die Fusion aller Stimmen in einem harmonischen Ganzen, ohne das individuelle Hervortreten irgendeiner Partie, irgendeines individuellen Charakters (wie z. B. im Choralstil), wird hauptsächlich bei solchen Liedern und Bühnen-Ensembles angewandt, welche die Form traditioneller Gesänge, wie Hymnen, Gebete usw., darstellen. Wenn man sie z. B. bei vier Stimmen, Sopr. Alt Tenor Baß anwendet, so wird man bemerken, daß die breite Lage hier am besten paßt (besonders im *forte*): weil in diesem Falle alle Stimmen zu gleicher Zeit in denselben Registern singen können: im tiefen, mittleren und hohen; wogegen in enger Lage die Stimmen in gewissem Augenblick sich in den verschiedensten Registern befinden können. Man wird aber beide Arten anwenden müssen, weil sonst eine einigermaßen lange Akkordreihe unmöglich wäre.

Beispiele:

Sniegurotschka 178 — Hymne der Untertanen des Berendéi. Nr. 305. *Kitesh* 341 .

Die zweite Hälfte des letzten Beispiels kann als ein Fall solcher harmonischen Stimmführung gelten, in dem ein Ensemble von sechs Stimmen mit der Vorherrschaft der oberen Stimme fortschreitet und die anderen eine Art Begleitung geben.

Der Chor.

Ausdehnung und Höhenlage.

Die Ausdehnung der Stimmen eines Chores ist etwas begrenzter als die der Solisten. Die außergewöhnlichen Register jeder Stimme (vgl. Tab. F) enden zwei Töne über und unter der normalen Oktave. Die in Punkten verlängerten Linien zeigen die Grenzen, bis zu denen der Komponist in einigen seltenen Fällen rechnen kann, weil jeder große Chor sicher einige solche Stimmen besitzt, welche imstande sind, die gewöhnlichen Grenzen zu überschreiten und in der Ausdehnung sich denjenigen der Solisten nähern. Viele Chöre haben unter den Bassisten einen oder mehrere, welche imstande sind, viel tiefer zu singen, als die Grenze der außergewöhnlichen Register es bezeichnet (man nennt sie Oktaven)[1].

Anmerkung. Man kann diese tiefsten Töne nur dann anwenden, wenn der ganze Chor ganz *piano* singt, und wenn diese Noten von längerer Dauer sind, was deswegen beinahe nur bei Chorgesängen ohne Begleitung (*a capella*) stattfinden kann.

Den Unterschied zwischen den „ersten" und „zweiten" jeder Stimme kann man auf folgender Basis aufstellen: die „ersten" haben die normale Oktave und außergewöhnliche Ausdehnung in der Höhe; die „zweiten" auch die normale Oktave und die Ausdehnung in der Tiefe.

Die Zusammenstellung der Chöre ist annähernd folgende: bei einem großen Chor — 32 Sänger für jede der vier Partien: Sopran,

---

[1] Diese Kontrabaßstimmen sind in den meisten besseren russischen Chören eine gewöhnliche Erscheinung.

Alt, Tenor und Baß. Bei mittleren Chören — 16 bis 20; bei kleinen — 8 bis 10. Oft sind die Frauenstimmen zahlreicher als die Männerstimmen, und es sind auch im allgemeinen mehr Stimmen bei den „ersten" als bei den „zweiten".

Den Bühnenanforderungen entsprechend wird der Chor oft in zwei oder drei ganz abgesonderte Chöre geteilt; wenn der Chor klein ist, so macht es große Schwierigkeiten, denn dabei muß sich jeder Chorist in einen Solisten verwandeln.

Die Schreibart für Opernchöre ist sehr verschieden. Außer dem gewöhnlichen Verfahren, die Chöre harmonisch-polyphon zu behandeln, so daß in ihnen der ganze musikalische Gedanke ausgedrückt wird, kann man auch die Stimmen einzeln melodisch oder deklamatorisch eintreten lassen, wobei sie dann kürzere oder längere Sätze oder bloß Motive ausführen; man kann die Stimmen im Einklang und in Oktaven führen; wiederholte Noten von einer Stimme, oder von dem ganzen Chor in Akkorden deklamieren lassen; eine Stimme melodisch hervortreten lassen (vorzugsweise die obere) und die anderen harmonisch begleiten lassen; dem ganzen Chor oder einzelnen Stimmen isolierte Ausrufe geben; und schließlich den ganzen Chor rein harmonisch behandeln, — in Akkorden, — wobei das wesentliche Element: die Melodie und Figuration dem Orchester zugeteilt ist.

Nach dieser Aufzählung der typischen Hauptarten der Behandlung eines Chors rate ich dem Leser, um sie gut zu verstehen, Orchesterpartituren und Auszüge für Klavier und Gesang zu studieren, worin er viele Sachen finden wird, die man unmöglich in einer Aufzählung verschiedener Ensembles, wie hier, geben kann.

Außer dem schon Gesagten gibt es noch ein sehr wichtiges Verfahren, welches in der Teilung eines Chores in ganz gesonderte Gruppen besteht. Die natürlichste Teilung ist in Männer- und Frauenchor. Man findet auch — aber seltener — Chöre, die aus Alt-, Tenor- und Baßstimmen bestehen oder aus Sopran-, Alt- und Tenorstimmen. Ob das aber ein ganzer Chor ist oder nur ein teilweiser, das Wichtige ist dabei: die Teilung jeder Stimme in zwei oder drei (*divisi*). Die Frauen- oder Männerchöre, als selbstständige Einheiten betrachtet, können abwechselnd miteinander oder mit dem ganzen (gemischten) Chor auftreten. Diese Unterteilungen machen die obenerwähnten Möglichkeiten der Schreibart für Chöre noch reicher und komplizierter. Ich wiederhole: die Kunst für Chöre zu schreiben, wird der Studierende nur durch das Lesen und Studium der Partituren erreichen, denn von dieser Kunst kann dieses Buch nur die grundlegenden Prinzipien geben.

Die Melodie.

Die Chor-Melodie ist in bezug auf Umfang und Beweglichkeit viel begrenzter als die Solo-Melodie. Die Stimmen der Choristen sind weniger gut gestellt (oder gesetzt) und auch weniger geübt. Zuweilen kann die Chor-Melodie im Charakter ziemlich gleich einer *Solo*-Melodie von begrenztem Umfang und Beweglichkeit sein; des öfteren wird sie rhythmisch eintöniger und weniger frei sein, weil sie eine Anzahl sich wiederholender oder nacheinandergesetzter kurzer Perioden und Sätze enthalten wird, wogegen die Solo-Melodie längere Perioden und freiere Struktur erheischt. In dieser Beziehung nähert sich die Chor-Melodie eher der instrumentalen. Die Pausen und das Atmen spielen beim Chorgesang eine weniger wichtige Rolle als beim Sologesang, weil die Choristen nicht alle zur selben Zeit zu atmen brauchen, und die Möglichkeit für jeden Choristen, sich Ruhepausen von kleiner Dauer zu leisten, befreit den Komponisten von der Notwendigkeit, Ensemble-Pausen zu machen.

Alles, was früher davon gesagt ist, wie man eine Melodie fließend gestalten soll, wie man die kurzen und langen Noten abwechselt, wie die Vokalisation einer Silbe zu behandeln ist usw., wird auch bei der Chor-Melodie in Anwendung gebracht, ist aber hier nicht von so großer Bedeutung wie beim Sologesang. In den Chormelodien ist es besser, nicht mehr als zwei bis drei Noten auf eine Silbe zu setzen, um gewisse Ungeschicklichkeiten beim Vortrage zu vermeiden. Von dieser Regel findet man Ausnahmen, aber hauptsächlich mit dem Vorsatz, komische und fantastische Effekte zu erreichen.

Beispiel:

Nr. 306. *Der goldene Hahn* 262; vgl. auch vor 123.

A. Gemischter Chor.

Einklang.

Die einfachsten und natürlichsten Einklänge sind: Sopran und Alt, Tenor und Baß. Sie besitzen Kraft und Fülle, und die daraus entstehenden gemischten Klangfarben sind vorteilhaft, um eine Melodie in der Höhe oder im Baß ausgeprägt zu gestalten. Bei diesem Verfahren sind die anderen Stimmen oft geteilt, damit vollere Harmonie erzielt werden kann. Die Verbindung im Einklang des Alts mit dem Tenor gibt eine ganz aparte, gemischte Klangfarbe von etwas fantastischem Charakter und wird nur selten angewandt.

Beispiele:

Sniegurotschka 64 .

Sadko 208 (vgl. Beisp. 14).

Bewegung in Oktaven.

Die natürlichen und schönen Oktavenverbindungen der Stimmen sind folgende: 8 [Sopr. / Ten. , [Alt / Baß; sie erzeugen einen kräftigen und glanzvollen Klang. Die Bewegung in Oktaven des Soprans mit dem Alt und des Tenors mit dem Baß ist selten. Diese Verbindungen gehören den Frauen- und Männerchören an und sind nur bei Melodien kleineren Umfangs verwendbar. Die Verschiedenheit der Register, in welchen die Stimmen bei solcher Kombination sich bewegen, gibt nicht die Gleichheit des Klanges, welche man bei Anwendung verschiedenartiger Stimmen erzielt.

Beispiele:

Sniegurotschka 60 , 61 — Karneval-Prozession.

„ 113 — Hochzeitszeremonie.

Sadko 37 — Chor der Gäste im 1. Bild.

Die Oktaven ein und derselben Stimme, welche geteilt ist, — 8 [Sopr. I / Sopr. II usw. werden selten gebraucht, ausgenommen die Bässe: 8 [Baß I / Baß II, zu welcher Kombination zuweilen die Fortschreitung der Stimmen nötigt oder auch der Wunsch, die Baßpartie in Oktaven zu hören.

Beispiele:

Pskovitianka, 3. Akt 〔68〕 — Schlußchor (vgl. Beisp. 312).

Sadko 〔341〕 — Schlußchor.

Die Oktaven zwischen Frauen- und Männerstimmen, beide verdoppelt: $8 \begin{bmatrix} \text{Sopr.} + \text{Alt} \\ \text{Ten.} + \text{Baß} \end{bmatrix}$ geben einen schönen und vollen Klang.

Beispiel:

Sniegurotschka 〔323〕 — Schlußchor.

Man erhält einen Klang voller Kraft und vollen Glanzes, wenn man den Sopran mit dem Alt in Terzen fortschreiten und den Tenor und Baß in der Oktave sie verdoppeln läßt:

$$8 \begin{bmatrix} 3 \begin{bmatrix} \text{Sopr.} \\ \text{Alt} \end{bmatrix} \\ \\ 3 \begin{bmatrix} \text{Ten.} \\ \text{Baß} \end{bmatrix} \end{bmatrix}$$

Beispiele:

Mlada, 1. Akt 〔24〕; 2. Akt, vor 〔31〕.
Der goldene Hahn 〔235〕.

Die Fortschreitung des ganzen Chors in doppelten Oktaven geschieht sehr selten; wenn das aber vorkommt, so ist die Verteilung gewöhnlich folgende:

$$\begin{matrix} \text{Sopr.} + \text{Alt} \\ \text{Ten.} \\ \text{Baß} \end{matrix} \Big] \begin{matrix} 8 \\ \\ 8 \end{matrix} \qquad \text{oder} \qquad \begin{matrix} 8 \\ 8 \end{matrix} \begin{bmatrix} \text{Sopr.} \\ \text{Alt} + \text{Ten.} \\ \text{Baß} \end{bmatrix}$$

Beispiele:

Sniegurotschka 〔319〕.
Sadko, vor 〔182〕.

Teilung der Stimmen *(divisi)*; harmonische Anwendung des gemischten Chors.

Die rein harmonische Fortschreitung eines vierstimmigen gemischten Chors ist am klangvollsten und natürlichsten, wenn die Harmonie in weiter Lage gesetzt ist, wobei die Klangfarben jeder einzelnen Stimme in gleicher Weise verteilt sind.

Beispiel:

Nr. 307.   *Sadko* 144 — Anfang des 3. Bildes.

Wenn man einen Akkord in enger Lage erhalten will, der (besonders im *forte*) gut und ausgeglichen klingt, muß man folgende Stimmenverteilung anwenden:

> ⌈Sopr. I
> ⌊Sopr. II
> Alt
> ⌈Ten. I
> ⌊Ten. II
> ⌈Baß I
> ⌊Baß II.

Die drei oberen Stimmen der Harmonie, die von den ersten und zweiten Sopranen und dem Alt gesungen werden, sind eine Oktave tiefer von dem ersten und zweiten Tenor und dem ersten Baß verdoppelt. Die vierte Stimme fällt dabei den zweiten Bässen zu. Auf diese Weise singen die Tenöre mit den Sopranen in Oktaven, die ersten Bässe mit dem Alt und die zweiten Bässe sind unabhängig. Der auf diese Art erhaltene Klang ist voll und stark.

Beispiele:

Sniegurotschka 327 — Schluß der Oper.

Mlada, 2. Akt 20 — Prozession der Prinzen.

Pskovitianka, 2. Akt 19 (vgl. Beisp. 212).

Wenn eine der Stimmen eine besondere melodische Aufgabe hat, so greift man zur Teilung der anderen Stimmen, damit die begleitende Harmonie ausgefüllt ist. Die Höhenlage der obersten Stimme bestimmt die Teilung der anderen Stimmen. Wenn ein melodisch-harmonisches Motiv sich in verschiedenen Tonarten oder Höhenlagen wiederholt, ist es nicht selten, daß jedesmal eine andere Verteilung der Stimmen stattfindet, um die Gleichheit der Stärke des Chores zu erhalten. Als Beispiel gebe ich zwei Auszüge desselben musikalischen Inhalts, von welchen der zweite (*F*-dur) eine Terz höher als der erste (*D*-dur) liegt. In dem ersten sind die Altstimmen mit den Sopranstimmen im Einklang, um die Melodie zu verstärken, weil die Sopranstimmen allein zu schwach wären; im zweiten, wo die Melodie eine Terz höher liegt, kann sie den Sopranstimmen allein gegeben werden. Hier sind die

Altstimmen an der Harmonie beteiligt und deswegen sind die unteren Stimmen auf eine andere Weise verteilt.

Beispiele:

Sadko 173 und 177 (vgl. Beisp. 205 und 206), vgl. auch 189 (dieselbe Musik in *G-dur*).

Nr. 309—310. *Pskovitianka,* 1. Akt 77.

Im Beispiel Nr. 307 sieht man die vier Stimmen in weiter Lage den harmonischen Grund bildend, wobei die melodische Idee dem Orchester zugeteilt ist. In dem Beispiele Nr. 308, in dem der musikalische Inhalt derselbe ist, befindet sich die melodische Linie bei der Sopranstimme und von den anderen Stimmen, welche die begleitende Harmonie bilden, sind die Tenöre geteilt.

Beispiel:

Nr. 308. *Sadko* 152.

Wenn eine Polyphonie von mehr als vier Stimmen vorkommt, muß man die Stimmen so verteilen, daß die nötige Anzahl der reellen Stimmen herauskommt. Zuweilen teilt man eine Stimme in drei Teile: 3 Sopranstimmen, 3 Altstimmen usw.

Beispiele:

Nr. 312. *Pskovitianka,* 3. Akt 69 — Schlußchor.
Servilia 233 — Schlußchor.
Mlada, 4. Akt 35—36 — Schlußchor.

Das *fugato* und die fugierten Imitationen werden gewöhnlich vierstimmig geschrieben; wenn aber die Zahl der Partien vergrößert wird, so geschieht es, wie in den obenerwähnten Beispielen hauptsächlich als Zuwachs oder Anhäufung neuer Stimmen. Bei solchen Verfahren muß der Komponist die Aufmerksamkeit auf den letzten Akkord richten, auf welchen dieser Zuwachs hinausläuft und in dem der Gipfel und das Ziel enthalten sind. Die ganze Bewegung solch einer Stelle nach dem Eintritt der letzten Stimme soll so geleitet werden, daß der letzte Akkord in bezug auf Klang die bestmögliche Verteilung erhält. Auf diese Weise werden die Konsonanzen der Gruppen oder der geteilten Stimmen ihren höchsten Wert beibehalten; wenn der Schlußakkord aber dissonierend ist, so kann man zur Kreuzung der Stimmen greifen, um der charakteristischen Dissonanz mehr Ausgeprägtheit zu geben. Ich empfehle es dem Leser, den Gang der Stimmen zum Schlußakkord (in den oberen Beispielen) und die Disposition des Akkords selbst genau zu prüfen.

Die Kreuzung der Stimmen darf nicht dem Zufall überlassen werden. Die Verteilung der Chorstimmen, welche immer die normale Höhenordnung befolgen muß, kann nur für kurze Augenblicke verändert werden, und zwar um einen melodischen oder deklamierten Satz einer bestimmten Stimme (die sich dann über die benachbarte stellen wird) hervorzuheben.

Beispiele:

Pskovitianka, 1. Akt $\boxed{79}$, 2. Akt $\boxed{5}$, 3. Akt $\boxed{67}$.

B. Männer- und Frauenchor.

Wenn man einen Frauenchor dreistimmig schreibt, so teilt man entweder die Sopran- oder die Altstimmen:

	Sopr. I		Sopr.
	Sopr. II	oder	Alt I
	Alt		Alt II.

Ebenso teilt man bei dem Männerchor entweder die Tenöre oder die Bässe

	Ten. I		Ten.
	Ten. II	oder	Baß I.
	Baß		Baß II

Man wählt die eine oder die andere von diesen Dispositionen, je nachdem, welche Stimme zum Vorschein kommen soll oder nach der Höhenlage der entsprechenden Stelle. Die Ordnung der Verteilung kann ganz frei gewechselt werden. Wenn der Chor vierstimmig gesetzt wird, dann ergibt sich die Teilung von selbst:

Sopr. I	Ten. I
Sopr. II	Ten. II
Alt I	Baß I
Alt II	Baß II.

Wenn man bei einem dreistimmigen Chor die mittlere Stimme hervortreten lassen will, so kann man folgende Teilung anwenden:

Sopr. I		Ten. I	
Sopr. II + Alt I,		Ten. II + Baß I
Alt II		Baß II.

Wenn von den drei Stimmen die obere hervortreten soll, so kann die Harmonie in weiter und auch in enger Lage gesetzt sein.

Beispiele:

Pskovitianka, 1. Akt ⟦25—26⟧, ⟦28—31⟧ — Frauenchor.
Sadko, vor ⟦181⟧ — Männerchor (vgl. Beisp. 27).
Nr. 311. *Sadko* ⟦270—272⟧ — Frauenchor.

Wenn der Chor vierstimmig ist, so ist die enge Lage besser. Sonst wäre die obere Stimme zu hoch und die untere zu tief.

Beispiele:

Sadko ⟦17⟧ — Männerchor.
Pskovitianka, 2. Akt ⟦36—38⟧ — Frauenchor (vgl. Beisp. 296).

Die zweistimmige Disposition, welche gewöhnlich polyphon zu sein pflegt, bedarf keiner besonderen Erklärung, ebenso wenn der Chor im Einklang *(unisono)* geschrieben wird.

Beispiele:

Sadko ⟦50⟧ — Männerchor.
Mlada, Anfang des 1. Aktes.
Pskovitianka 3. Akt ⟦13—15⟧. } Frauenchöre.
Servilia ⟦26⟧.

Wenn die Frauen- oder Männerchöre rein harmonisch behandelt sind, so wird die enge Lage angewandt, da sie allein die Gleichheit des Klanges der Akkorde, welche gleichartigen Stimmen zugedacht sind, sichert. Die Folgen dreistimmiger Akkorde sind häufiger als die Folgen vierstimmiger. Zuweilen muß man sich an nur zweistimmige Folgen halten.

Beispiele:

Sniegurotschka ⟦19⟧ — Chor der Vögel.
  „   ⟦281—285⟧ — Chor der Blumen (vgl. Beisp. 26).

Im *jugato* oder bei fugierten Imitationen (dreistimmig), welche von einem gleichartigen Chor gesungen werden, läßt man das Thema von zwei Stimmen ausführen und die Antwort von einer, — wodurch das verdoppelte Thema mehr hervortritt.

Beispiele:

Sadko 20—21 .

** Die Zarenbraut* 29—30 .

Der Frauen- und Männerchor hat außer der Eigenschaft als unabhängige Einheit noch die Aufgabe, bei gemischten Chören als einzelne Gruppe aufzutreten und sich mit dem ganzen Ensemble abzuwechseln.

Beispiele:

Sniegurotschka 198 — Hymne der Untertanen des Berendéj (vgl. Beisp. 166).

In den meisten Fällen besitzen die Frauenchöre keinen reellen harmonischen Baß, wenn sich dieser in der tiefen Lage befindet, um Oktaven zwischen dem reellen Baß und der unteren Stimme des Chores zu vermeiden. Bei einem Frauenchor besteht die Harmonie gewöhnlich aus den drei oberen Stimmen, und der Baß befindet sich in der Begleitung. Man wird hierbei bemerken, daß diese Regel bei einem Frauenchor in Sext-Akkorden eine Folge von offenen Quarten und Quinten ergeben kann, was zu vermeiden ist. Im Beispiele Nr. 311 (*Sadko* 270) ist das durch die hohe Lage des Basses vermieden. Weiter kommt ein offenes Intervall ($\frac{4}{8}$), aber bloß für einen Augenblick und noch weiter ist dasselbe dadurch vermieden, daß alle Stimmen sich in einer Oktave treffen ($\frac{h}{h}$). Im Beispiele Nr. 304 (*Sadko* 83) ist der harmonische Baß (tief) sorgfältig bei dem Frauenchor vermieden, aber wenn er in die hohe Lage kommt, ist er verdoppelt.

Als Schluß von diesem Kapitel halte ich es für notwendig, nachstehende Bemerkungen zu formulieren:

1. Das Teilen der Stimmen schwächt unzweifelhaft den Klang der Stimmen im Vergleich mit denen, die nicht geteilt sind, und — wie der Leser aus den vorigen Kapiteln ersehen hat — ist die Gleichheit des Klanges bei der Verteilung der Stimmen in Orchesterakkorden Bedingung einer guten Orchestration. Was die Chöre anbelangt, so ist es etwas anders. Das Orchester spielt nach Noten, sogar nach vielen Proben, so daß die Musiker ihre Partie bis in die Einzelheiten gar nicht in Erinnerung zu haben brauchen. Die Choristen aber lernen ihre Partien bei Opern auswendig und bei

Konzertaufführungen beinahe auswendig. Der Chordirigent kann die vom Komponisten vorgeschriebene Teilung auf die eine oder andere Weise je nach Bedarf realisieren und die Zahl der Sänger einer gewissen Partie vergrößern oder verkleinern. Er kann auch die dynamischen Nuancen modifizieren und auf diese Weise die Stärke der geteilten und nicht geteilten Stimmen ausgleichen. Im Orchester hat es der Komponist mit einer großen Zahl verschiedener Klangfarben zu tun, welche dem Charakter und der Kraft nach sehr ungleich sind. Im Chor gibt es keine anderen Unterschiede als die vier Klangfarben. Und außerdem können die Nuancen bei einem Chor, der sich auf der Bühne bewegt, niemals so genau sein wie bei dem Orchester, das an den Pulten sitzt. Nach allem Gesagten kann man behaupten, daß der Komponist bei der Teilung der Chorstimmen freier verfahren kann, — das Orchester dagegen erfordert Vorsicht und Berechnung.

2. Bei der Verfolgung der größtmöglichen Ausgeglichenheit in der Realisation der Akkorde von dreistimmigen Chören (Frauen- oder Männerchöre) habe ich oft die mittlere Stimme verdoppelt, worüber auf Seite 166 die Rede war. Bei solcher Verteilung ist der Chordirigent vollständig frei in der Ausgleichung der Klangstärke und kann eine gewisse Anzahl Stimmen von der einen Partie in die andere versetzen. Ich bemerke hierzu, daß, wenn eine Stimme in drei geteilt ist, so geben die Chordirigenten die obere Stimme dem ersten Sopran oder dem ersten Tenor und die zweiten Soprane und Tenöre werden geteilt, um die anderen zwei Partien zu erhalten. Ich finde dieses Verfahren sehr fehlerhaft, weil der Klang der Akkorde nicht mehr ausgeglichen sein kann. Man muß im allgemeinen die Aufmerksamkeit der Chordirigenten darauf lenken, daß der Klang der mittleren Stimmen verstärkt werden soll, denn die Neigung, die obere Stimme hervortreten zu lassen, betrifft nur die Melodie, nicht aber die Harmonie.

3. Die gute und geschickte Stimmführung bei den Chören ist eine große Garantie für die klare und korrekte Ausführung. Die Fehler der Stimmführung machen das Einstudieren sehr schwer, und zuweilen, wenn die Stimmführung fehlerhaft ist, — kann der beste und erfahrenste Chor das Detonieren nicht vermeiden. Wenn die Stimmführung korrekt ist und die Dissonanzen vorbereitet sind, dann sind die plötzlichsten und entferntesten Modulationen — seien

sie auch noch so herb und ungewöhnlich — verhältnismäßig leicht
und können mit größerer Sicherheit intoniert werden. Die Komponisten denken nicht immer daran, aber die Sänger fühlen es
und verstehen es zu schätzen. Als Beispiel zitiere ich eine sehr
schwere Modulation in Dissonanz, welche im Beispiel Nr. 169
Sadko 302 vermerkt ist; ich bezweifle, daß sie bei einer anderen
Stimmführung ausführbar wäre. Lieber soll der Komponist eine
Anstrengung machen, die ihm natürlicherweise auch zukommt, als
daß die Ausführenden sich fruchtlos bemühen.

31. Juli (13. August) 1905.